cocina rápida y sana

Academia de la Cocina Española

cocina
rápida y sana

EDICIONES NOBEL

© **EDICIONES NOBEL, S.A.**
Ventura Rodríguez, 4
33004 OVIEDO
www.ed-nobel.es

Fotografías:
Kike Llamas-Marcos Morilla
Alejandro Braña

ISBN: 84-8459-038-0

Impresión: Eujoa Artes Gráficas, Meres (Siero, Asturias)
Depósito Legal: AS. 663/2001

índice
cocina rápida y sana

Nota

Teniendo en cuenta que en cada receta se informa también del tiempo que tardan en elaborarse y del poder calórico que poseen, hemos de advertir que ambos datos son aproximados y que se supone un margen de error en torno al 5%. Además, el tiempo de elaboración se ha calculado contando con la ayuda de instrumentos tales como el horno microondas y la olla a presión, imprescindibles siempre que se trate de cocina rápida.

introducción

La cocina ya ha demostrado sobradamente que sabe adaptarse a los tiempos. Y quienes mejor lo saben son las sufridas cocineras que, no hace tantos años, se pasaban horas y horas delante de los fogones para alimentar a la familia. Y si volvemos la vista mucho más atrás en el tiempo, nos daremos cuenta de la fortuna que poseemos al poder disfrutar de tan variados alimentos y de que a esta suerte no se la valora lo suficiente.

Podemos leer en *La vida cotidiana en la España de Velázquez*, en el capítulo dedicado a "La alimentación", de Matilde Santamaría Arnaiz:

"En general, ¿qué era lo que se comía? El plato más antiguo, casi único en el siglo XVI y que se sostuvo durante mucho tiempo en el XVII, era la olla, guiso muy simple y de fácil receta: carne, tocino y verduras, cocidas largo tiempo".

Y más adelante:

"Réstanos hablar del postre con que se terminaba la comida. Lo diremos brevemente: fruta del campo, cuando la había, y queso y aceitunas durante el invierno. Los dulces eran escasos. Se reservaban para la merienda o para el agasajo".

Hoy en día la elección está ahí. Hay mucho y bueno donde escoger, y no necesitamos estar tanto tiempo en la cocina. Si te apetece cocinar y no tienes prisa, a por ello, hay muchos platos que necesitan de tu mimo. Pero si, por el contrario, quieres seguir alimentando de manera sana a la familia y no tienes tiempo, o quizá ganas, también las opciones son enormes.

La adaptación de las verduras, hortalizas, patatas, arroz... a la hora de su elaboración hace que la variedad de combinaciones sea inmensa.

"Podéis comernos fritas,
¡qué ricas!
En puré
que también estamos bien.
En tortilla,
¡qué maravilla!
Cocidas o asadas,
solas o acompañadas
hasta en ensaladas".

Aunque en este caso hablemos de las patatas, ya sabemos que tienen muchos más socios con la misma capacidad de amoldamiento: el arroz, la pasta, las verduras, los huevos, las legumbres, las hortalizas... Y, por si fuera poco, todos aportan a nuestra salud el ingrediente necesario para mantenerla en forma.

Y es que nuestra salud, la de toda la familia, nunca se puede poner en juego. La situación laboral de los padres, con apenas tiempo libre, no debe ser impedimento para su alimentación o la de sus hijos. Se puede comer bien con poco tiempo. ¿Cuánto se tarda en preparar una ensalada, un pescado frito y lavar unas manzanas, por poner un ejemplo? Pues ahí tenemos un primer plato, un segundo y el postre.

Pero no pensemos que hablar de comida sana y rápida se reduce al mundo vegetal. No es ése el caso. La carne y el pescado forman parte de nuestros platos igual que lo pueden hacer el arroz, las verduras o las hortalizas. Y también son muy fáciles de elaborar, puesto que cualquier pescado o carne, aunque sólo esté hecho a la plancha, se puede calificar de excelente.

Y no estamos hablando sólo de una cocina de diario, sino también de poder agasajar a nuestros invitados con unos platos sanos bien presentados. Usar un poco la fantasía culinaria es tal vez el otro ingrediente que falta al elaborar los platos y hacer la presentación de éstos en la mesa. Disfrutar cocinando, aunque sean comidas sencillas, siempre se notará a la hora de degustar un menú. Seguro que nadie quedará defraudado.

Incluso en la repostería, donde parece que necesitamos más tiempo, podemos hacer saludables maravillas. La variedad de frutas es la primera opción, la más sana y la más rápida, puesto que éstas son deliciosas al natural.

Sí es verdad que se depende de la temporada, pero todo el año tenemos fruta en abundancia y ésta no pone ningún impedimento a la hora de compartir honores en el plato. Una rica macedonia de frutas atrae también mucho a los niños, debido a su colorido, y les resulta muy saludable por su alto contenido en azúcar.

la rica ensalada

Cuando pensamos en una ensalada nos viene a la cabeza el verano, el calor, y la lechuga y el tomate, pues es lo más socorrido a la hora de elaborarla. Incluso dice el *Adivinanciero*, refiriéndose a la lechuga:

"Soy una loca amarrada
que sólo sirvo
para la ensalada"

Sin embargo, es mucho más que eso. Para hacer una ensalada se pueden utilizar miles de ingredientes distintos y multitud de combinaciones, sólo se necesita un poco de imaginación. Y ¡qué apetecible!, ya que la gama de colores que se puede conseguir nos incita a su consumo a través de la vista.

Además, la ensalada, que a veces prefiere no estar sola en la mesa, no es nada caprichosa a la hora de compartir el viaje hasta nuestras bocas. Pescados y carnes, sobre todo, buscan incesantes su agradable compañía, y no es sólo porque sea "rica", también porque "está muy buena".

ensalada de aguacate y gambas]

Tiempo de elaboración:
13 minutos

Poder calórico:
340

Ingredientes para 4 o 5 personas

*3 aguacates maduros,
200 gramos de gambas cocidas y
peladas, 1/4 de cebolla,
1 vaso de zumo de tomate,
mayonesa, pimienta, sal.*

Preparación

Los aguacates se cortan a la mitad, se les extrae la pulpa y se conservan las cáscaras para rellenarlos luego. La pulpa se machaca con la ayuda de un tenedor y se le agregan la cebolla rallada y las gambas cortadas en trocitos. Con este preparado se rellenan las cáscaras de los aguacates.

Aparte, se mezcla una taza de mayonesa con el zumo de tomate, aliñándolo con sal y pimienta. Se vierte esta salsa sobre los aguacates y se meten en la nevera para que estén fríos en el momento de servirlos.

ensalada de ajo]

Tiempo de elaboración:
8 minutos

Poder calórico:
143

Ingredientes para 4 personas

*1 cogollo de lechuga, 4 dientes de ajo,
2 tomates, 1 cebolla,
4 pimientos rojos asados,
12 aceitunas, vino blanco, vinagre,
aceite, sal.*

Preparación

Se lava la lechuga, se pica y se echa en una ensaladera. Se agregan los tomates limpios y cortados en trozos y la cebolla en rodajas finas. Los pimientos se cortan en tiras y se echan también en la fuente, así como las aceitunas.

Aparte, se machacan en el mortero los ajos con un poco de sal, añadiéndoles luego un chorro de vino blanco y aceite y vinagre al gusto. Se remueve el aliño y se riega con él la ensalada, que se sirve inmediatamente.

ensalada de anchoas]

Tiempo de elaboración:
17 minutos

Poder calórico:
129

Ingredientes para 5 o 6 personas

*1 o 2 latas de anchoas, 2 huevos,
limón rallado, 1/2 kg de judías verdes,
1 lata de pimientos morrones, pimienta,
perejil, vinagre, aceite, sal.*

Preparación

En una fuente se colocan las anchoas formando hileras o dibujos. Sobre ellas se pica perejil muy menudo. Entre las anchoas se van colocando los huevos cocidos, los pimientos y las judías —previamente cocidas en agua con sal—. Por último, se añade el limón rallado, la sal, el aceite y el vinagre batidos con la pimienta.

ensalada de arroz]

Tiempo de elaboración:
16 minutos

Poder calórico:
230

Ingredientes para 6 personas

1/4 kg de arroz, 3 huevos cocidos, 2 tomates, 1/2 cebolla, 1 diente de ajo, limón, 1 cucharada de mostaza, 1 cucharada de vinagre, perejil picado, pimienta, 3 cucharadas de aceite, sal.

Preparación

Se fríe el ajo y se le añade el arroz, removiendo bastante para que se impregne bien. Se agrega doble cantidad de agua, sal y unas gotas de limón. Cocerá durante 15 minutos. Una vez cocido, el arroz se pasa a un escurridor y se lava bajo el grifo. Escurrido y frío, se mezcla con la siguiente salsa.

En un tazón se mezclan la mostaza, el vinagre y el aceite, sazonando con un poco de sal y pimienta, y removiéndolo todo bien.

El arroz, revuelto con esta salsa, se distribuye sobre una ensaladera y se adorna con rodajas de huevo duro y de tomate.

Por último, se espolvorea con perejil picado y con cebolla partida muy menuda.

ensalada de calabacines]

Tiempo de elaboración:
17 minutos

Poder calórico:
109

Ingredientes para 4 o 5 personas

750 gramos de calabacines,
3 huevos duros,
vinagre, aceite, sal.

Preparación

Los calabacines se pelan y se cuecen enteros en una cazuela con agua salada hirviendo hasta que estén tiernos. Entonces, se escurren y dejan enfriar, cortándolos a continuación en lonchas finas.

En una fuente se disponen los huevos duros cortados en rodajas. Encima se reparten las lonchas de calabacín, espolvoreadas con sal, y se aliña todo con aceite y vinagre. Sin más, se sirve la ensalada.

ensalada de cebolla y naranja]

Tiempo de elaboración:
7 minutos

Poder calórico:
92

Ingredientes para 4 personas

*2 naranjas navel, 2 mandarinas,
1/4 kg de cebollas, aceitunas negras,
aceite de oliva, sal.*

Preparación

Peladas las naranjas, se cortan transversalmente en rodajas finas las navel y se separan en gajos las mandarinas. Las cebollas también se parten en forma transversal.

En una fuente de ensalada se colocan las navel abajo, la cebolla decorando en un segundo nivel, los gajos de mandarina en el centro y las aceitunas distribuidas por encima. Antes de servir, se aliña con sal y aceite.

ensalada César]

Tiempo de elaboración:
16 minutos

Poder calórico:
263

Ingredientes para 2 o 3 personas

*2 cogollos de lechuga, 1 huevo cocido,
4 rebanadas de pan de molde,
1 lata pequeña de anchoas,
1 tacita de salsa alioli,
50 gramos de queso azul, pimienta,
vinagre, aceite, sal.*

Preparación

Se quita la corteza al pan y se unta con parte de la salsa alioli. Se mete luego en el horno hasta que esté un poco dorado.

Entre tanto, se lava muy bien la lechuga y se pica muy fina, colocándola en una fuente. Después, se añaden el queso cortado en tacos pequeños y las anchoas y el huevo picados. El pan se trocea en cuadraditos y se echa en la fuente.

En un cuenco se pone el resto de la salsa alioli y se le agrega pimienta, vinagre, aceite y sal al gusto. Se bate todo bien y se aliña la ensalada con esta salsa. Sin más, se sirve.

ensalada de coliflor]

Tiempo de elaboración:
18 minutos

Poder calórico:
122

Ingredientes para 5 o 6 personas

1 coliflor, aceitunas,
1 trocito de jamón o mortadela,
salsa mayonesa, perejil.

Preparación

Se limpia bien la coliflor y se pone a cocer en agua hirviendo con sal. Ya cocida, se deja enfriar y se corta en pedazos iguales —más bien pequeños— que se colocarán en una ensaladera. Se pica el jamón o la mortadela junto con las aceitunas y el perejil —si se desea se puede suprimir el perejil—, y se añade todo ello a la coliflor.

La ensalada se baña con una mayonesa muy clara, o con salsa vinagreta, y se sirve muy fría.

ensalada de espinacas]

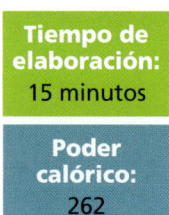

Tiempo de elaboración:
15 minutos

Poder calórico:
262

Ingredientes para 2 o 3 personas

100 gramos de espinacas frescas,
100 gramos de queso fresco,
100 gramos de cebolletas en vinagre,
10 champiñones de lata,
2 huevos cocidos, 1 tomate, pimienta,
vinagre, vino de Jerez seco, aceite, sal.

Preparación

Las espinacas se lavan, se escurren y se pican, echándolas en una ensaladera. Después se añaden los champiñones, limpios y cortados en láminas finas, los huevos cocidos picados, el tomate —lavado— y el queso cortados en cuadraditos.

Por último, se incorporan las cebolletas picadas y se aliña todo con sal, pimienta, aceite, vinagre y unas gotas de vino de Jerez seco. Se remueve todo bien y se sirve de inmediato.

ensalada de gambas]

Tiempo de elaboración:
8 minutos

Poder calórico:
150

Ingredientes para 3 o 4 personas

300 gramos de gambas,
1 cogollo de lechuga, 1 pepino pequeño,
1 tomate, 1 vaso de mayonesa,
1 cucharadita de ketchup,
1 cucharadita de brandy, perejil,
pimienta, sal.

Preparación

Las gambas se cuecen en una cazuela con agua hirviendo y sal durante dos o tres minutos. Pasado este tiempo, se escurren, se pelan y se reservan.

La lechuga se lava, se seca y se pica sobre una ensaladera honda. Entonces se añaden el pepino pelado y cortado en rodajas finas, el tomate limpio y troceado, las gambas todavía calientes, una ramita de perejil picada muy menuda, sal y pimienta al gusto.

Aparte, en un cuenco se mezclan, batiendo con un tenedor, la mayonesa, el ketchup y el brandy y se vierte a continuación la salsa sobre la ensalada, que se servirá todavía templada.

ensalada de huevo]

Tiempo de elaboración:
20 minutos

Poder calórico:
260

Ingredientes para 4 personas

4 huevos cocidos,
75 gramos de salchichón,
75 gramos de jamón de York,
2 pimientos rojos asados,
1 cucharada de alcaparras, perejil,
pimienta, vinagre, aceite, sal.

Preparación

Los huevos cocidos se cortan en rodajas gruesas y se echan en una ensaladera. Sobre ellos se colocan el jamón y el salchichón picados y se cubre todo con los pimientos asados cortados en tiras.

Aparte, en un cuenco se mezclan, batiendo con ayuda de un tenedor, una pizca de pimienta y otra de sal, una cucharada de vinagre, dos cucharadas de aceite, una ramita de perejil picada muy menuda y las alcaparras.

La vinagreta obtenida se vierte sobre la ensalada y se sirve tras dejarla enfriar en la nevera por espacio de 20 minutos.

ensalada de jamón y tomate]

Tiempo de elaboración:
4 minutos

Poder calórico:
260

Ingredientes para 4 personas

200 gramos de jamón serrano cortado en lonchas finas,
1/2 kg de tomates rojos y duros,
1 cucharadita de ajo en polvo,
3 cucharadas de aceite de oliva virgen,
1 manojo de perejil.

Preparación

El perejil se pone sobre una servilleta o papel de cocina absorbente, se coloca en un plato y se introduce en el horno microondas, conectado al 100% de potencia, durante dos o tres minutos hasta que se seque. Cuando esté bien seco, se desmenuza con las manos, retirando los tallos largos, y se reserva.

En una fuente de servir se distribuyen las lonchas de jamón como base, sobre ellas se ponen los tomates —cortados en rodajas— y se sazona todo ligeramente con sal. A continuación, se espolvorea con ajo y perejil y se riega con aceite de oliva y se sirve. Esta ensalada se puede preparar con unas horas de antelación.

ensalada mixta]

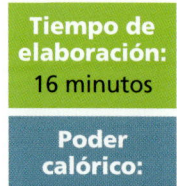

Tiempo de elaboración:
16 minutos

Poder calórico:
115

Ingredientes para 4 personas

2 huevos duros, 1 lata de bonito, 1 lata de espárragos, 1 o 2 tomates, lechuga, vinagre o limón, sal.

Preparación

La sencillez de su preparación no requiere más explicaciones que el consejo de aprovechar el aceite del bonito para aliñarla junto con el vinagre y la sal.

ensalada de pasta]

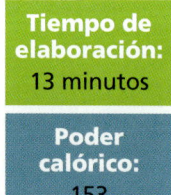

Tiempo de elaboración:
13 minutos

Poder calórico:
153

Ingredientes para 4 o 5 personas

100 gramos de pasta de trigo duro, 200 gramos de judías verdes, 200 gramos de guisantes congelados, 1 zanahoria, vinagre, pimienta, aceite, sal.

Preparación

La pasta se cuece en una cazuela con abundante agua salada hirviendo hasta que esté en su punto *al dente* y se escurre. Entre tanto, se lavan y pican las judías verdes y la zanahoria y se ponen a cocer en otra cazuela con agua y sal hirviendo junto con los guisantes.

Las verduras han de estar tiernas pero no deshechas. Una vez cocidas, se escurren y se dejan enfriar unos minutos.

A continuación, se mezclan con la pasta en una ensaladera y se aliñan al gusto con sal, pimienta, aceite, y vinagre. Esta ensalada puede servirse tibia o fría.

ensalada de queso y judías]

Tiempo de elaboración:
16 minutos

Poder calórico:
263

Ingredientes para 4 o 5 personas

200 gramos de judías verdes cocidas o en conserva, 200 gramos de queso fresco, 100 gramos de queso curado, 1 cebolla, 1 pimiento rojo asado, 1 huevo cocido, pimienta, vinagre, aceite, sal.

Preparación

Las judías, escurridas, se trocean y se echan en una ensaladera junto con las dos clases de queso cortado en dados, el pimiento en tiras, la cebolla rallada y el huevo picado muy menudo.

Se sazona con sal y pimienta al gusto y se aliña todo con aceite y vinagre, removiendo la ensalada muy bien antes de servirla.

ensalada de repollo]

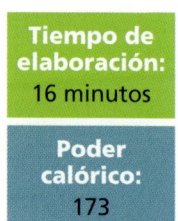

Tiempo de elaboración:
16 minutos

Poder calórico:
173

Ingredientes para 4 personas

1 repollo pequeño, 1 patata, 2 o 3 huevos, 2 tomates, vinagre, aceite, sal.

Preparación

Una vez limpio y picado, el repollo se pone a cocer en agua hirviendo con sal y unas gotas de aceite. Las patatas se pelan y se cuecen enteras —pueden cocerse con el mismo repollo—. Los huevos también se cuecen y se pelan.

En una ensaladera se coloca el repollo, junto con las patatas cortadas en trozos regulares, los huevos y los tomates. Se sazona con sal, aceite y vinagre y se sirve. Si se prefiere la ensalada fría, se puede dejar unos minutos en la nevera.

ensalada mixta >

ensalada de tomates y pimientos]

Tiempo de elaboración:
18 minutos

Poder calórico:
120

Ingredientes para 3 personas

2 pimientos rojos, 1 cebolla pequeña, 1/2 kg de tomates, vinagre, aceite, sal.

Preparación

Los pimientos se asan, se les quita la piel y se cortan en tiras estrechas y largas. Los tomates se cortan en rodajas delgadas, se esparcen en un plato y se espolvorean de sal, dejándolos así durante unos 15 minutos. Pasado este tiempo, los pimientos se colocan en el centro de una fuente redonda, rodeados por los tomates y, en la parte más exterior, por rodajas finas de cebolla.

En un tazón se bate aceite y vinagre con un poco de sal fina, y con este preparado se riega la ensalada.

ensalada tropical]

Tiempo de elaboración:
15 minutos

Poder calórico:
400

Ingredientes para 4 personas

2 endibias, 4 palmitos,
100 gramos de maíz en grano cocido,
100 gramos de champiñones de lata,
50 gramos de nueces,
100 gramos de jamón York,
75 gramos de pasta, 3 naranjas,
2 manzanas, 1 pomelo, perejil,
4 cucharadas de mayonesa, 1 limón,
pimienta negra, sal.

Preparación

Se pelan dos naranjas y el pomelo y se cortan en dados, pasándolos a una fuente amplia o ensaladera. Luego, se añaden las manzanas troceadas, el jamón en tiras, los champiñones limpios y en laminas, el maíz, las nueces picadas y los palmitos en rodajas.

En una cazuela con agua salada hirviendo se cuece la pasta durante 10 minutos. Cuando esté en su punto, se escurre y pasa por el chorro del agua fría, mezclándola con el resto de los ingredientes.

En un tazón se mezclan la mayonesa, el zumo del limón y de media naranja y sal y pimienta al gusto hasta conseguir una crema homogénea. Se vierte la salsa sobre la ensalada y, en el momento de servir, se decora con las hojas de endibia y se espolvorea con un poco de perejil picado muy menudo.

ensaladilla rusa]

Tiempo de elaboración:
45 minutos

Poder calórico:
257

Ingredientes para 6 personas

*2 huevos cocidos, 3/4 kg de patatas,
2 latas de bonito, 1 lata de guisantes,
1 lata pequeña de espárragos,
1 cucharada de cebolla picada menuda,
1 lata de aceitunas rellenas o de hueso,
1/4 kg de zanahorias, salsa mayonesa,
vinagre, aceite, sal.*

Preparación

Peladas las zanahorias y cortadas en cuadrados, se ponen a cocer en agua fría con sal. Al cuarto de hora de cocción se añaden las patatas cortadas en cuadrados o dados pequeños. Hervirán durante 30 minutos. Una vez cocidas y escurridas, se extienden las patatas sobre un paño para que sequen bien. Cuando patatas y zanahorias estén bien frías, se pasan a una fuente y se les añade una cucharada de cebolla picada menudísima, un chorro de aceite y otro de vinagre. Todo ello se remueve bien y se le agrega el bonito picado menudo, las claras de los huevos cocidos picadas muy menudas —las yemas se reservan—, la mitad de las aceitunas picadas —reservando el resto— y los guisantes, mezclando todo bien.

La ensalada se coloca en una fuente redonda o alargada, alisándola. Las yemas se deshacen en migas y se salpican por encima, repartiendo también unos montoncitos de guisantes. Los espárragos se saltean sobre la ensaladilla, unos al lado de otros con las puntas hacia adentro y entre ellos se clavan las aceitunas. Puede decorarse con tiras de pimientos asados. La mayonesa se prepara momentos antes de ser consumida, y se sirve independientemente. No debe aprovecharse de una hora para otra.

pasta variada

Hablar de la pasta nos hace pensar casi instantáneamente en las románticas ciudades italianas: la inmensidad artística de Roma, un paseo en góndola por las "calles" venecianas, una forma de hablar cercana a la música y apoyada en el gesto... y un sinfín de delicias *al dente.* Sin embargo, en su origen no es un producto exclusivamente italiano, sino que desde siempre se ha usado en diversos países mediterráneos. Lo que ocurre es que fueron los italianos quienes hallaron la fórmula que permitió su conservación y, en consecuencia, su comercialización a escala industrial.

Conseguir el punto exacto de cocción de la pasta no es tarea fácil. El tiempo necesario varía en función del tipo de pasta, su grosor, el tamaño... Lo que sí son condiciones generales es que deben cocer en abundante agua, sin tapar el recipiente, removerse con una cuchara o tenedor de madera y es necesario escurrirlas bien cuando estén ya cocidas.

espaguetis con aceitunas negras]

Tiempo de elaboración:
20 minutos

Poder calórico:
409

Ingredientes para 2 o 3 personas

250 gramos de espaguetis,
1/2 kg de tomate natural triturado,
8 aceitunas negras deshuesadas,
queso rallado, 2 dientes de ajo,
orégano, pimienta, aceite, sal.

Preparación

En un recipiente apto para horno microondas se ponen los ajos cortados en láminas con un poco de aceite y se introducen durante tres minutos en el horno microondas, conectado al 100% de potencia. A continuación, se agrega el tomate y se revuelve bien. Tapando el recipiente, se cocina por espacio de siete minutos a la potencia máxima. Luego, se añaden las aceitunas troceadas, un poco de orégano, sal y pimienta, y se cocina todo durante tres minutos más a la misma potencia, reservándolo después.

En otro recipiente amplio se ponen los espaguetis, se vierte por encima agua hirviendo y sal, y se introduce cinco minutos en el horno microondas al 100% de potencia. Transcurrido este tiempo, se retiran del horno, se revuelven bien y se meten de nuevo por igual tiempo. Una vez comprobado que la pasta está en su justo punto de cocción, se escurre y se le agrega el guiso que se tenía reservado. Se sirve inmediatamente, espolvoreando queso rallado por encima.

espaguetis con anchoas]

Tiempo de elaboración:
13 minutos

Poder calórico:
414

Ingredientes para 4 personas

300 gramos de espaguetis,
1 lata de anchoas,
1 tazón de salsa de tomate,
50 gramos de alcaparras, 1 cebolla,
1 diente de ajo, perejil, pimienta,
aceite, sal.

Preparación

Los espaguetis se cuecen durante 10 minutos en abundante agua hirviendo con un poco de sal. Cuando estén en su punto, se escurren y se reservan.

Aparte, se prepara una salsa poniendo un recipiente al fuego con el aceite de la lata de las anchoas y dos cucharadas de aceite. Se agregan la cebolla y el ajo picados y se fríen hasta que la cebolla esté tierna. En este punto, se incorpora el resto de los ingredientes —las anchoas troceadas, la salsa de tomate, las alcaparras y un poco de pimienta y perejil picado—, mezclándolo todo bien. Se deja en el fuego, removiéndolo de vez en cuando, hasta que el líquido se reduzca.

Los espaguetis se disponen en una fuente caliente y se empapan bien con dos cucharadas de aceite que se vierten por encima. Por último, se incorpora el preparado anterior y se sirven espolvoreados con perejil picado.

espaguetis carbonara]

Tiempo de elaboración:
17 minutos

Poder calórico:
490

Ingredientes para 5 personas

*400 gramos de espaguetis,
100 gramos de beicon, 3 huevos,
100 gramos de queso parmesano rallado,
1 diente de ajo, pimienta,
aceite, sal.*

Preparación

Se pone al fuego un recipiente con abundante agua salada hasta que rompa a hervir, momento en el que se incorporan los espaguetis. Luego, se cuecen durante 10 minutos.

Entre tanto, se corta el beicon en tiras y se fríe en una sartén grande con dos cucharadas de aceite y el ajo entero —que se retirará cuando haya dorado—. La pasta, una vez cocida, se escurre y se echa en la sartén junto con el beicon, mezclándolo todo muy bien.

En un cuenco se baten los huevos con un pellizco de sal y se unen a los espaguetis. Se agrega también un poco de pimienta y la mitad del queso rallado manteniéndolo a fuego lento sin dejar de remover hasta que los huevos hayan cuajado. Entonces, se dispone todo en una fuente de servir y se espolvorea con el resto del queso rallado. Se sirve inmediatamente.

espaguetis creola]

Tiempo de elaboración:
12 minutos

Poder calórico:
392

Ingredientes para 4 personas

*300 gramos de espaguetis, 2 berenjenas,
2 calabacines, 1 pimiento verde,
2 tomates, 1 pimiento rojo,
50 gramos de queso parmesano rallado,
2 dientes de ajo, pimienta, aceite, sal.*

Preparación

Los espaguetis se cuecen en abundante agua hirviendo con un poco de sal durante 10 minutos. Transcurrido este tiempo, se comprueba que estén cocidos y se escurren.

En una sartén con aceite se rehogan a fuego lento las berenjenas, los calabacines, los pimientos, los tomates y los ajos, todo ello pelado y picado en pequeños trozos. Cuando esté bien tierno, se sazona con sal y pimienta.

La pasta se dispone en una fuente, se mezcla con el revuelto de verduras y se sirve con el queso parmesano espolvoreado por encima.

espaguetis carbonara >

espaguetis veraniegos]

Tiempo de elaboración: 13 minutos

Poder calórico: 558

Ingredientes para 2 o 3 personas

*250 gramos de espaguetis,
100 gramos de jamón serrano,
100 gramos de champiñones de lata,
50 gramos de alcaparras, 2 huevos,
1/2 limón, vino de Oporto,
pimienta, aceite, sal.*

Preparación

Los espaguetis se cuecen en abundante agua hirviendo con un poco de sal durante 10 minutos. Una vez cocidos, se escurren y se reservan en una ensaladera.

Aparte, se prepara una tortilla francesa con los dos huevos y se corta después en tiras muy finas. El jamón serrano y los champiñones se trocean en cuadraditos pequeños. A continuación, se hace una salsa mezclando una tacita de aceite con el zumo del medio limón, un chorrito de Oporto, sal y pimienta.

Esta salsa se vierte sobre los espaguetis, junto con la tortilla en tiras, las alcaparras y el picadillo de jamón y champiñones. Sin más, se sirven.

espirales con crema de requesón]

Tiempo de elaboración:
10 minutos

Poder calórico:
466

Ingredientes para 5 personas

400 gramos de pasta tipo espirales,
300 gramos de requesón,
1 lata de nata líquida, azúcar,
pimienta, nuez moscada,
canela en polvo, sal.

Preparación

La pasta se cuece en abundante agua hirviendo con un poco de sal durante 10 minutos, removiéndola varias veces durante ese tiempo.

Entre tanto, en un cazo se calienta a fuego muy lento la nata líquida. Después, se agrega un poco de azúcar, canela en polvo, nuez moscada, pimienta y sal, removiendo constantemente para que quede todo bien unido. En este punto, se añade poco a poco el requesón y se remueve hasta conseguir una crema fina y homogénea —si fuese necesario se puede añadir un poco de leche.

Cuando la pasta ya esté cocida, se escurre y se dispone en una fuente de servir, donde se mezcla con la crema y se sirve de inmediato.

macarrones al gratín]

Tiempo de elaboración:
15 minutos

Poder calórico:
473

Ingredientes para 4 o 5 personas

1/2 kg de macarrones,
50 gramos de margarina,
50 gramos de queso rallado,
pan rallado, 1 tazón de caldo, sal.

Preparación

Los macarrones se cuecen en agua hirviendo con un poco de sal durante 10 minutos. Ya cocidos, se escurren bien. En una fuente de horno se pone un poco de pan y queso rallado, por encima una capa de macarrones y se continúa con sucesivas capas hasta acabar con una última de macarrones. Se vierten el caldo hirviendo y la margarina, reservando unas bolitas de ésta para ponerlas al final por encima. Por último, se espolvorea con pan y el resto del queso rallado, agregando las bolitas de margarina.

La fuente se introduce a horno fuerte para que los macarrones doren bien. Cuando estén en su punto, se sirven en la misma fuente.

macarrones con setas]

Tiempo de elaboración:
20 minutos

Poder calórico:
527

Ingredientes para 6 personas

1/2 kg de macarrones, 1/2 kg de setas,
100 gramos de jamón serrano,
1/2 kg de tomates,
50 gramos de margarina,
50 gramos de queso rallado,
1 cucharada de pan rallado, 1 cebolla,
aceite, sal.

Preparación

Los macarrones se cuecen durante 10 minutos en agua hirviendo con un poco de sal y después se escurren. Aparte, en una cazuela con aceite caliente se fríen la cebolla picada, las setas —cortadas en láminas finas— y el jamón cortado en cuadraditos. Se sazona todo con un poco de sal y se deja cocer lentamente por espacio de 15 minutos. Transcurrido este tiempo, se añaden los tomates —pelados y troceados— y se remueve, dejándolo cocer destapado hasta que se evapore el jugo que suelten las setas.

En una fuente refractaria honda se mezclan los macarrones con las setas y un poco de queso rallado. El resto del queso y el pan rallado se espolvorean por encima junto con unas bolitas de margarina. Se introduce en el horno a temperatura fuerte hasta que se forme una costra y se sirve a continuación.

raviolis con jamón]

Tiempo de elaboración:
13 minutos

Poder calórico:
479

Ingredientes para 6 personas

1/2 kg de raviolis,
50 gramos de mantequilla,
100 gramos de jamón York,
50 gramos de harina, 1/2 litro de leche,
1 tazón de salsa de tomate, vino blanco,
queso rallado, aceite, sal.

Preparación

Los raviolis se cuecen durante 10 minutos en abundante agua hirviendo con un poco de sal. Después, se escurren y se disponen en una fuente de servir, reservándolos mientras se prepara una salsa para aliñarlos.

En un recipiente aparte se prepara una salsa bechamel muy fina con la mantequilla —reservando un poco para gratinar—, tres cucharadas de aceite, la harina, !a leche y un poco de sal. Cuando la bechamel esté cocida, se le añade un chorro de vino blanco, la salsa de tomate y el jamón York picado muy menudo.

Esta salsa se vierte por encima de los raviolis, que se espolvorean con queso rallado y unas bolitas de mantequilla y se meten en el horno a temperatura media para que gratinen. Se sirven calientes.

tallarines con tomate]

Ingredientes para 5 o 6 personas

*500 gramos de tallarines,
1/2 kg de tomates,
50 gramos de margarina,
50 gramos de queso rallado, sal.*

Preparación

Los tallarines se cuecen durante 10 minutos en abundante agua hirviendo con un poco de sal. Ya cocidos, se escurren bien y se pasan a una cazuela puesta sobre el fuego, donde se saltean con la mitad de la margarina.

Después, se disponen en una fuente de horno y se cubren con una salsa preparada con el tomate. Espolvoreados con el queso rallado y con el resto de la margarina en bolitas pequeñas distribuida por encima, se gratinan en el horno por espacio de cinco minutos.

Se sirven en la misma fuente bien calientes.

el arroz:
práctico y rápido

El arroz constituye uno de los alimentos más socorridos de nuestra cocina. Fácil de preparar y muy beneficioso para la salud, ofrece además numerosas posibilidades de elaboración. Poco hay que decir de nuestra paella, sin duda uno de los platos emblemáticos de la cocina mediterránea, pero también es cierto que supone sólo una opción. El arroz gusta de acompañamiento, de manera que lo podemos preparar de diferentes maneras y forma parte de numerosas recetas. Dicha versatilidad, unida a que resulta un producto bastante económico, hacen de él un alimento recurrente en nuestra dieta.

El origen del arroz parece estar en el sudeste asiático, desde donde se expandió su cultivo. A la península Ibérica llegó con la invasión musulmana, y desde entonces no ha dejado de usarse en nuestro país. Además, este cereal ha formado parte de diversas ceremonias civiles y religiosas de los pueblos orientales, alguna de las cuales aún perdura en nuestra cultura, como la costumbre de echar arroz a los recién casados cuando salen de la iglesia, en señal de la fecundidad, según una antigua práctica hindú.

En la actualidad, en China está considerado un producto de alimentación básico, incluso en algunos hogares sirve para sustituir al pan.

arroz blanco]

Tiempo de elaboración:
17 minutos

Poder calórico:
314

Ingredientes para 4 o 5 personas

1/2 kg de arroz, ajo, limón, aceite, sal.

Preparación

En una cazuela con aceite se fríe un diente de ajo. Cuando esté frito, se retira de la cazuela y se rehoga, en el mismo aceite, el arroz, removiéndolo con ayuda de una cuchara de madera para que no tueste.

Una vez rehogado, se añade agua caliente —doble cantidad que de arroz— y se sigue removiendo hasta que empiece a hervir. En este punto, se agregan unas gotas de limón, se sazona con sal y se cuece por espacio de 15 minutos sin removerlo. Antes de servir el arroz blanco, se dejará reposar tapado durante cinco minutos.

Ésta es la receta básica para preparar arroz blanco, que servirá como base para otras muchas recetas contenidas en este capítulo.

arroz blanco con bonito]

Tiempo de elaboración:
20 minutos

Poder calórico:
355

Ingredientes para 5 o 6 personas

*1/2 kg de arroz, 1 lata de bonito,
1 lata pequeña de pimientos,
1 lata de tomate, 1 cebolla, ajo,
perejil, aceite, sal.*

Preparación

Se prepara un arroz blanco según la receta anterior.

Aparte, se fríen la cebolla y el ajo picados muy finos y una ramita de perejil; después se añade el bonito deshecho —si es fresco se fríe previamente—. A continuación, se pone un pimiento troceado y sal, dejándolo cocer durante un cuarto de hora.

Se engrasa con aceite la parte exterior de un tazón de bola, y se coloca en el centro de una fuente redonda. Alrededor se va poniendo el arroz blanco, mientras con una espumadera se alisa y se le da forma. Una vez colocado todo, se saca el tazón tirando de él hacia arriba. En el hueco que deja se reparte el bonito con su salsa. Sin más, se adorna el arroz con tiras de pimiento y se sirve.

arroz con calabacín]

Tiempo de elaboración:
15 minutos

Poder calórico:
484

Ingredientes para 4 personas

400 gramos de arroz,
1/2 kg de calabacín,
100 gramos de queso rallado,
1 cebolla, pimienta en grano,
aceite, sal.

Preparación

Una vez pelado y lavado, el calabacín se corta en pequeños trozos cuadrados. En una cazuela se fríen la cebolla, picada muy menuda, y los trozos de calabacín. Cuando la cebolla tome un color dorado se añade la pimienta y unas cucharadas de agua.

Con el guiso a media cocción se echa el arroz y un poco más de agua, removiendo continuamente para evitar que se pegue. El arroz habrá alcanzado el punto justo de cocción cuando el grano esté entero y suave.

Una vez retirada la cazuela del fuego, se añade el queso rallado, se remueve un poco y se sirve caliente.

arroz a la cubana]

Tiempo de elaboración:
20 minutos

Poder calórico:
225

Ingredientes para 4 personas

1 taza y media de arroz,
3 tazas de agua,
3 cucharadas de mantequilla,
2 plátanos, 2 dientes de ajo, sal.

Preparación

La mantequilla se pone en un cuenco y se introduce en el horno microondas durante un minuto al 100% de potencia para que se derrita. A continuación se añaden los dientes de ajo finamente picados y se vuelve el cuenco al horno, conectado a la máxima potencia, esta vez por tres minutos. Conviene revolver al menos una vez durante este tiempo para que no se queme.

Pasado este tiempo, se incorpora el arroz, removiéndolo con una cuchara de madera para que se mezcle bien con la salsa. Se vierte sobre el arroz el agua salada hirviendo, se remueve y se introduce en el microondas para que se cocine al 100% de potencia durante 13 minutos. Reposará unos minutos a fin de que el arroz quede bien seco; después se pasa a un molde tipo corona, se aprieta bien y se vuelca sobre la fuente de servir. Se reserva.

Se calienta una bandeja doradora durante unos siete minutos en el microondas. Mientras tanto, se pelan los plátanos, se parten a lo largo en dos trozos, se engrasan ligeramente y cuando tengamos la bandeja doradora bien caliente se fríen sobre ella, durante dos minutos al 100% de potencia. Se les da la vuelta, cuidando que no se deshagan, y se fríen por el otro lado un minuto más. Se adorna la corona de arroz con los plátanos alrededor y se sirve acompañado de huevos fritos.

arroz con gambas y verduras]

Tiempo de elaboración:
30 minutos

Poder calórico:
231

Ingredientes para 5 o 6 personas

*1 taza y media —de las grandes—
de arroz de grano largo,
1/2 kg de gambas peladas,
1 lata pequeña de espárragos,
1 lata pequeña de guisantes finos,
4 cucharadas de mantequilla,
1 litro de caldo —puede ser de cubito—,
1 cebolla pequeña, 1 rama de perejil,
1 cucharadita de pimentón dulce,
pimienta, aceite, sal.*

Preparación

En una cacerola amplia y destapada se ponen a calentar la mantequilla y tres cucharadas de aceite dentro del horno microondas, al 100% de potencia, durante tres minutos. Después se añaden la cebolla, el arroz, el perejil picado y el pimentón. Revolviendo bien, se introduce el recipiente en el microondas por espacio de cuatro minutos a la máxima potencia. Pasado este tiempo, se revuelve, se agrega el caldo y se sigue cocinando otros 12 minutos más.

Por último, se echan las gambas peladas crudas, los espárragos troceados y los guisantes. La cocción termina con 12 minutos dentro del horno microondas a su máxima potencia. Fuera ya del aparato, y antes de servir, se comprueba de sal, se sazona con pimienta y se deja reposar, tapado, unos ocho o diez minutos.

En la preparación de este plato, todos los procesos de cocinado que tienen lugar dentro del horno microondas se harán con la cazuela destapada.

arroz gratinado]

Tiempo de elaboración:
23 minutos

Poder calórico:
356

Ingredientes para 6 personas

1/2 kg de arroz, 2 tazas de leche,
1 cucharada de harina,
1 cucharada de queso rallado,
1 cucharada de pan rallado,
1 cucharada de mantequilla,
1 cucharada de cebolla, sal.

Preparación

Se pone el arroz a cocer en agua caliente y sal; ya cocido, se escurre bien. En una cazuela se hierven dos tazas de leche, añadiendo después sal, harina, cebolla picada y mantequilla, removiéndolo deprisa y agregando también el arroz cocido. Todo ello se sigue cociendo unos cinco minutos.

Se pasa a una fuente, donde se espolvorea con queso y pan rallado. Se mete unos minutos al horno para dorar, y se sirve a continuación.

arroz de Jamaica]

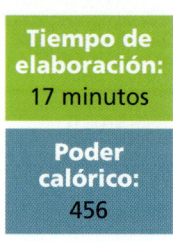

Tiempo de elaboración:
17 minutos

Poder calórico:
456

Ingredientes para 4 o 5 personas

350 gramos de arroz de grano largo, 200 gramos de guisantes congelados, 1 lata pequeña de pimientos morrones, 2 aguacates, 1 limón, 2 huevos cocidos, 1 lata de bonito en aceite de 200 gramos, vinagre, laurel, pimienta, aceite, sal.

Preparación

Se pone el arroz a cocer en abundante agua con sal, un chorrito de aceite de oliva y media hoja de laurel. Cuando el grano de arroz esté cocido pero entero, se retira del fuego, se escurre y se reserva.

Aparte, se hierven los guisantes congelados.

Se prepara una vinagreta mezclando cinco cucharadas de aceite, una de vinagre, la pimienta y la sal.

Se mezcla el arroz con los guisantes, el bonito en aceite y los pimientos morrones cortados en trozos. Se aliña con la vinagreta. Esta mezcla se pasa a un molde en forma de corona untado con aceite y se deja enfriar en la nevera durante unas horas.

Para servirlo se desmolda y se adorna con el aguacate cortado en gajos —rociados con el zumo de limón para que no tomen un color oscuro— y con el huevo cocido en rodajas.

arroz a la jardinera]

Tiempo de elaboración:
27 minutos

Poder calórico:
481

Ingredientes para 6 personas

1/2 kg de arroz, 6 rodajas de chorizo, 6 huevos, 1 lata pequeña de guisantes, 3/4 kg de tomates, 1 diente de ajo, 1 pimiento de lata, 1/2 hoja de laurel, aceite, sal.

Preparación

Se prepara un arroz blanco del modo explicado en la receta correspondiente, añadiendo los guisantes —excepto una cucharada que se reserva— a los cinco minutos de cocción. Ya en su punto, se retira del fuego y se deja reposar 10 minutos. Con el tomate se prepara una salsa; cuando está espesa se pasa por el pasador y se reserva.

Con un poco de aceite frito se engrasa un molde redondo, colocando en su fondo las rodajas de chorizo —fritas y sin piel—; en el centro se ponen los guisantes reservados, y entre los guisantes y el chorizo tiras de pimiento. Sobre este fondo se echará el arroz cuidadosamente para no estropear el adorno. Una vez todo colocado, se aplasta bien con una espumadera, se despegan los bordes con un cuchillo y se vuelca sobre una fuente redonda.

Sobre el borde de la fuente, alrededor del arroz, se colocan huevos escalfados. Se cubre con salsa de tomate, sirviendo lo sobrante en una salsera.

arroz con salchichas]

Tiempo de elaboración:
23 minutos

Poder calórico:
493

Ingredientes para 5 personas

1/2 kg de arroz,
100 gramos de salchichas rojas,
1 lata pequeña de tomate,
1 pastilla de caldo, 1 diente de ajo,
azafrán, perejil, aceite, sal.

Preparación

En una cazuela con aceite caliente se rehogan un poco las salchichas, añadiendo después el tomate y el arroz para rehogarlo todo junto.

En un cazo se hierve un litro de agua con un diente de ajo machacado en el mortero con una rama de perejil y una pastilla de caldo. Cuando esté bien caliente se echa sobre el arroz y se sazona de sal —teniendo en cuenta que la pastilla está salada— y azafrán, removiendo hasta que comience a hervir. Roto el hervor, se añaden unas gotas de limón, dejándolo cocer durante unos 15 minutos a fuego vivo y otros cinco a fuego suave.

Antes de servirlo, se deja reposar destapado unos 10 minutos.

productos de la huerta

Si existe algún producto que merezca una mención muy especial al hablar de cocina rápida y, sobre todo, sana, son, sin lugar a dudas, los que nos ofrece la tierra. En efecto, una dieta que se pretenda sana y equilibrada debe fundamentarse en las verduras (además de la fruta), puesto que aportan numerosos beneficios para nuestro organismo (son ricas en fibra, vitaminas, azúcares, etcétera).

Por otro lado, las hortalizas son muy fáciles de cocinar y su elaboración no requiere mucho tiempo; condiciones éstas indispensables en el estilo de vida que impera en nuestros días. Si cada vez nos preocupamos más de alimentarnos de una manera sana y, al mismo tiempo, desaparece la típica figura del ama de casa que pasaba horas entre fogones, no queda otro remedio que acudir a nuestras verduras. Ellas se encargarán de cuidarnos sin exigir mucho mimo a cambio.

acelgas con patatas]

Tiempo de elaboración:
30 minutos

Poder calórico:
165

Ingredientes para 4 personas

1 kg de acelgas, 1/2 kg de patatas, 2 o 3 dientes de ajo, vinagre, aceite, sal

Preparación

Tras un primer hervor, las acelgas se lavan y se escurren. A continuación se ponen en agua hirviendo con las patatas limpias y cortadas en trozos gruesos. Se sazona con sal y se deja cocer media hora.

En una sartén aparte se fríen los ajos en lonchas finas. Una vez fritos se vierten sobre las acelgas junto con un chorro de vinagre. Se les da un hervor y se sirven.

acelgas salteadas]

Tiempo de elaboración:
30 minutos

Poder calórico:
86

Ingredientes para 4 personas

1 kg de acelgas, 2 o 3 dientes de ajo, vinagre, aceite, sal.

Preparación

Las acelgas se cuecen en agua con sal, se escurren y se pasan a una cazuela. Los ajos se cortan en láminas finas, se fríen en una sartén con aceite y, una vez fritos, se vierten sobre las acelgas junto con parte del aceite empleado en freírlos. Las acelgas se remueven para que se aderecen con el aceite y tomen el sabor del ajo.

Se rocían con vinagre y, sin más, se sirven. Como acompañamiento se pueden cocer patatas. Éste es un plato muy sano y nutritivo.

berenjenas fritas]

Tiempo de elaboración:
12 minutos

Poder calórico:
200

Ingredientes para 5 o 6 personas

1 kg de berenjenas, harina, aceite, sal.

Preparación

Se escogen las berenjenas pequeñas y tiernas, se pelan y se cortan en rodajas regulares, poniéndolas seguidamente en agua y sal durante una hora para quitarles el gusto amargo y conseguir que queden más tiernas. Pasado este tiempo, se escurren y se secan con un paño; a continuación se pasan por harina y se fríen en aceite abundante y bien caliente, procurando que no doren demasiado.

Se sirven rápidamente, pues al enfriar pierden calidad. Pueden tomarse solas o con carne.

calabacín rebozado]

Tiempo de elaboración: 11 minutos

Poder calórico: 227

Ingredientes para 2 o 3 personas

*1 calabacín pequeño,
pasta para fritos, aceite, sal.*

Preparación

Se comienza preparando una pasta para fritos. Para ello se mezclan 100 gramos de harina y seis cucharadas de leche, se agrega después la yema de un huevo. Luego se incorpora la clara batida a punto de nieve y un poco de sal, removiendo todo para que quede bien unido.

El calabacín, sin necesidad de pelarlo, se corta en rodajas muy finas. Éstas se sazonan de sal, se rebozan en la pasta y se fríen en aceite abundante y muy caliente. Como todos los fritos, deben ser preparados inmediatamente antes de servirlos para que no se ablanden.

cogollos de Tudela]

Tiempo de elaboración: 4 minutos

Poder calórico: 80

Ingredientes para 4 personas

*6 cogollos, 2 dientes de ajo,
vinagre, aceite, sal.*

Preparación

Los cogollos se lavan en agua fría y se parten en cuatro trozos a lo largo. Se colocan en la fuente de servir, en forma de radios y se rocían con aceite, vinagre, sal y los ajos previamente machacados en un mortero.

coliflor al ajo arriero]

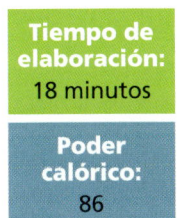

Tiempo de elaboración:
18 minutos

Poder calórico:
86

Ingredientes para 5 o 6 personas

1 coliflor grande, 4 dientes de ajo, vinagre, pimentón, aceite, sal.

Preparación

En el mortero se machaca un diente de ajo, perejil y un poco del caldo utilizado para cocer la coliflor.

En aceite caliente se doran unos ajos. Retirando la sartén del fuego, se añade pimentón y una cucharada de vinagre. Se mezcla con el majado del mortero y todo bien unido se vierte sobre la coliflor.

coliflor con guarnición]

Tiempo de elaboración:
19 minutos

Poder calórico:
89

Ingredientes para 6 personas

*1 coliflor mediana, 1 repollo pequeño,
300 gramos de zanahorias,
1 lata de guisantes, bechamel, sal.*

Preparación

Se pelan los tallos de la coliflor sin deshacerla y se corta el tronco para dejarle buen soporte. Se cuece destapada, en abundante agua hirviendo y con la sal necesaria. Cuando los tallos estén tiernos, la coliflor se aparta del fuego con mucho cuidado para no deshacerla, y se coloca en el centro de una fuente redonda.

Se cubre con la bechamel, disponiendo alrededor las verduras y las zanahorias pisadas. Después de estar unos minutos al horno, se sirve.

También puede cubrirse la coliflor con mayonesa; incluso se sirve en ocasiones sin ninguna salsa, solamente aliñada con un poco de aceite y vinagre batido.

champiñones al Jerez]

Tiempo de elaboración:
12 minutos

Poder calórico:
208

Ingredientes para 2 personas

400 gramos de champiñones,
1 vaso mediano de Jerez seco,
1 vaso mediano de leche,
1 cucharadita de harina,
2 o 3 guindillas cayenas, aceite, sal.

Preparación

Los champiñones, cortados a la mitad —o en cuatro partes si son muy grandes—, se fríen en aceite junto con las cayenas. Cuando se haya evaporado el jugo que sueltan los champiñones, se añade el Jerez y se deja cocer todo durante unos minutos. A continuación, se agrega la leche, en la que se habrá disuelto previamente la harina. Se sazona con sal y se mantiene en el fuego hasta que espese, sirviéndose muy caliente.

Los champiñones al Jerez resultan muy sabrosos acompañados de arroz blanco.

espinacas al estilo cordobés]

Tiempo de elaboración:
11 minutos

Poder calórico:
99

Ingredientes para 4 personas

1 kg de espinacas, 1 cebolla pequeña, 3 dientes de ajo, pan, pimentón, vinagre, canela, aceite, sal.

Preparación

Las espinacas, bien lavadas, se cuecen en agua caliente y sal durante unos cinco minutos. Pasado este tiempo, se remojan en agua fría, se escurren bien —hasta que suelten toda el agua— y se pican sobre una tabla, colocándolas después en una cazuela.

Aparte, en una sartén se fríe la cebolla picada y dos dientes de ajo. Agregando una cucharadita de pimentón y un chorro de vinagre, se echa la mezcla resultante sobre las espinacas. Se sazonan con sal y canela, y se dejan cocer a fuego lento, bien tapadas, unos minutos.

Se sirven en una fuente, adornada con cuadrados de pan frito y el resto de los ajos.

espinacas salteadas]

Tiempo de elaboración:
6 minutos

Poder calórico:
88

Ingredientes para 4 personas

1 kg de espinacas, 2 dientes de ajo, vinagre, aceite, sal.

Preparación

Se lavan bien las hojas con abundante agua y se ponen a cocer en agua caliente y sal durante cinco minutos. Ya cocidas y picadas, se reservan.

En una sartén con aceite caliente se fríen los ajos, y cuando doren se rehogan las espinacas. Se sirven con el vinagre aparte.

huevos boca abajo]

Tiempo de elaboración:
39 minutos

Poder calórico:
324

Ingredientes para 6 personas

6 huevos, 1 lata pequeña de guisantes, 1 lata pequeña de bonito en aceite, 3/4 kg de patatas, 1/4 kg de zanahorias, 1 pimiento de lata, 1 cogollo de lechuga, 4 tomates medianos frescos, aceitunas —rellenas o con hueso—, 1 tarro mediano de mayonesa, vinagre de Jerez, 1 cebolla pequeña, aceite de oliva virgen, sal.

Preparación

Se prepara una ensaladilla cociendo las patatas y las zanahorias, peladas y enteras, en abundante agua con sal. Cuando ambos ingredientes hayan cocido se escurren y se cortan en forma de cuadraditos, colocándolos sobre un paño para que sequen bien. De este modo se dejan enfriar.

Después de haber enfriado, se pasan a una fuente, donde se les añaden los guisantes escurridos, la cebolla picada muy menuda, un chorro de aceite, vinagre y sal. Se agrega también la mayonesa —reservando tres cucharadas—, se mezcla todo bien y se extiende uniformemente sobre la fuente.

Los huevos se cuecen durante 12 minutos. Cuando hayan enfriado, se les quita la cáscara y se cortan a la mitad, en sentido horizontal. Luego, se sacan las yemas —reservando dos de ellas— y se mezclan con el bonito desmenuzado, el pimiento muy picado y una cucharada de mayonesa.

Los tomates se cortan en 12 rodajas finas —tantas como medios huevos— y se disponen alrededor de la ensaladilla. Las mitades de huevo se rellenan con el preparado de bonito y las yemas, colocándolas boca abajo —una clara sobre cada rodaja de tomate—. Las dos yemas reservadas se aplastan con un tenedor, mezclándolas con dos cucharadas de mayonesa. En una manga de boquilla gruesa se pone esta mezcla, adornando con ella —en forma de pequeña pirámide— cada huevo y rematando, finalmente, con una aceituna. El resto de las aceitunas se distribuye entre los huevos para adornar el plato.

La lechuga, picada muy menuda, se aliña ligeramente y se coloca también entre los huevos para adornar, lo que se hará en el momento mismo de servir el plato, para que tenga un buen aspecto.

huevos Costa Verde]

Tiempo de elaboración:
23 minutos

Poder calórico:
198

Ingredientes para 6 personas

*6 huevos cocidos, 1/4 kg de zanahorias,
1/2 kg de judías verdes,
1 lata grande de guisantes o el
equivalente de guisantes frescos,
50 gramos de jamón York,
100 gramos de carne picada,
3 dientes de ajo, perejil, aceite, sal.*

Preparación

Para comenzar, los guisantes se pasan por el pasapurés. Si son frescos, se cuecen en agua salada hirviendo durante unos 15 minutos y, una vez cocidos y fríos, se trituran con el pasador. Al puré se le agrega un sofrito hecho con dos dientes de ajo y aceite, un chorro de agua y un pellizco de sal, dejándolo cocer por espacio de unos minutos hasta que quede espeso.

En una sartén con un poco de aceite se rehoga la carne, previamente sazonada con ajo, perejil y sal. Se le añade el jamón picado y se reserva al calor. Las judías verdes se cortan en trozos pequeños y se cuecen en agua salada junto con las zanahorias peladas y cortadas en cuadraditos. Una vez esté todo cocido, se escurre y se rehoga en un poco de aceite.

Aparte, en una fuente se echa el puré de guisantes. Los huevos se cortan a la mitad longitudinalmente y se les quitan las yemas, mezclándolas con el picadillo de carne. Con este preparado se rellenan los huecos de las claras y se colocan boca abajo sobre el puré. La fuente se adorna con las judías verdes y las zanahorias. Si sobrase carne después de rellenar los huevos, se distribuirá también sobre el puré de guisantes.

judías verdes a la extremeña]

Tiempo de elaboración:
16 minutos

Poder calórico:
148

Ingredientes para 6 personas

*1 kg de judías verdes,
100 gramos de jamón, pimienta,
vinagre, aceite, sal.*

Preparación

Se limpian las judías y se ponen a cocer en agua con sal. Una vez cocidas, se escurren bien y se pasan a una fuente.

El jamón se fríe con bastante aceite y se echa sobre las judías. Se rocían con vinagre y se sazonan con un poco de pimienta. Sin más, se sirven.

judías verdes con huevo]

Tiempo de elaboración:
17 minutos

Poder calórico:
132

Ingredientes para 6 personas

*1,5 kg de judías verdes,
2 huevos cocidos, 1 trozo de cebolla,
2 dientes de ajo, 1 rama de perejil,
vinagre, aceite, sal.*

Preparación

Si las judías son muy finas y no tienen hebras duras, bastará con quitarles las puntas. En cambio, si son duras, se recortarán alrededor con un cuchillo. En ambos casos, se lavan bien y se ponen a cocer en agua hirviendo y sal, añadiéndoles un diente de ajo, un trozo de cebolla y una rama de perejil. Una vez cocidas, se escurren muy bien y se retiran el ajo, el perejil y la cebolla.

Aparte, se fríe en el aceite necesario el otro diente de ajo; cuando esté dorado, se saca y se vierte el aceite sobre las judías, agregando un poco de vinagre. Las judías se sirven en una fuente alargada, adornadas con porciones de huevo picado.

judías verdes a la vinagreta]

Tiempo de elaboración:
17 minutos

Poder calórico:
127

Ingredientes para 6 personas

*1,5 kg de judías verdes,
3 o 4 huevos cocidos, 1 cebolla mediana,
perejil, vinagre, aceite, sal.*

Preparación

Las judías, cortadas en trozos pequeños, se cuecen del modo indicado en otras recetas. Una vez cocidas, se escurren y se pasan a una fuente.

Con la cebolla picada muy menuda, el perejil picado y un huevo cocido y picado se prepara una salsa vinagreta. Las judías se cubren con la salsa y se adornan con rodajas hechas con los otros huevos cocidos. También se pueden poner discos de tomate.

patatas cocidas]

Ingredientes

Patatas, sal.

Preparación

Se lavan bien las patatas y se cortan a la mitad. Se pincha la piel por varios sitios y se colocan sobre un plato con el corte para abajo. Se agregan dos cucharadas de agua y un poco de sal. Cubiertas con un plástico transparente se meten el el horno microondas durante unos cinco minutos al 100% de potencia. Se sabrá que están cocidas pinchándolas con un palillo.

patatas con huevos]

Tiempo de elaboración:
17 minutos

Poder calórico:
286

Ingredientes para 6 personas

1,5 kg de patatas,
1 huevo por comensal,
1 cebolla mediana, laurel, hierbabuena,
tomillo, perejil, aceite, sal.

Preparación

En una cazuela con aceite se fríe la cebolla finamente picada, añadiendo las patatas peladas y cortadas en trozos cuando comience a dorar. Se cubre con agua hirviendo y se agregan la sal y un ramito hecho con tomillo, laurel, hierbabuena y perejil. Si se desea, puede utilizarse también una pastilla de caldo concentrado. Se dejan cocer despacio.

Ya cocidas —deben quedar con caldo— y momentos antes de servirlas, se van cascando los huevos en la cazuela. Se sirven cuando los huevos estén cuajados.

patatas con coliflor]

<table>
<tr><td>Tiempo de elaboración:
33 minutos</td><td rowspan="2">**Ingredientes para 4 personas**

1/2 kg de patatas, 1 coliflor grande, 1 cebolla, 1 diente de ajo, 1 tomate, zumo de limón, mostaza en polvo, pimienta, aceite, sal.</td></tr>
<tr><td>Poder calórico:
198</td></tr>
</table>

Preparación

Las patatas se lavan, se pelan y se ponen a cocer en una cazuela con un poco de agua, por espacio de 10 o 12 minutos. Mientras tanto, se separa la coliflor en ramitas, se pela la cebolla y se corta en aros. Una vez cocidas, las patatas se escurren y se dejan enfriar.

En un recipiente distinto se calienta una cucharada de aceite, tostando en él la mostaza en polvo. Después se añaden la pimienta y los aros de cebolla. Este sofrito se completa incorporando el ajo machacado. A continuación se echa la coliflor y se rehoga por espacio de unos cinco minutos. Pasado este tiempo, se vierte por encima medio litro de agua con sal.

Las patatas que se tenían reservadas se trocean, se añaden a la coliflor y se cuece todo junto durante otros 10 minutos. Hecho esto, se agregan el tomate troceado y el zumo de limón. Se dejará cocer todo unos minutos a fuego moderado hasta que se forme una salsa algo espesa. Sin más, se sirve.

patatas fritas]

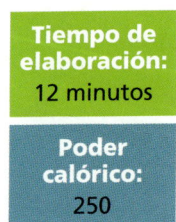

Tiempo de elaboración:
12 minutos

Poder calórico:
250

Ingredientes

Patatas, aceite, sal.

Preparación

Las patatas, lavadas, escurridas y secadas con un paño, se sazonan con sal justo antes de echarlas a la sartén. El aceite debe estar muy caliente y ser lo suficientemente abundante para que queden separadas unas de otras.

Una vez fritas, se sirven de inmediato, ya que se reblandecen pronto y pierden presencia.

patatas con mayonesa]

Tiempo de elaboración:
17 minutos

Poder calórico:
250

Ingredientes para 6 personas

3/4 kg de patatas,
6 sardinas ahumadas, 2 huevos cocidos,
salsa mayonesa, pimienta, vinagre,
aceite, sal.

Preparación

Las patatas se cuecen enteras y con piel. Una vez cocidas, se pelan, se cortan en rodajas finas y se colocan en una fuente alargada. Se sazonan con sal, pimienta y vinagre, se bañan con la salsa mayonesa y se adornan con las sardinas y los huevos cocidos partidos en cuñas.

Por último, se espolvorean con perejil picado y se sirven muy frías.

patatas riojanas]

Tiempo de elaboración:
27 minutos

Poder calórico:
260

Ingredientes para 6 personas

1 kg de patatas, 3 huevos cocidos,
1/4 kg de lomo de cerdo,
2 dientes de ajo, guindilla,
pimienta negra, pimentón, aceite, sal.

Preparación

Se pelan las patatas y se cortan como para freír, pero algo más gruesas. En una cazuela con abundante aceite se rehogan junto con el lomo cortado en trozos sin que lleguen a dorar.

Ya fritas, se quita parte del aceite y se añaden los ajos machacados en el mortero con un poco de pimienta, una cucharadita de pimentón y guindilla, todo disuelto en un poco de agua. Con la sal necesaria, se dejan cocer un cuarto de hora. Se sirven bien calientes, adornadas con huevos cocidos.

patatas a la vinagreta]

Tiempo de elaboración:
23 minutos

Poder calórico:
293

Ingredientes para 6 o 7 personas

2 kg de patatas, 3 huevos cocidos, 3 tomates, 1 cogollo de lechuga, vinagre, 1 lata de bonito, 1/2 cebolla, perejil, aceite, sal.

Preparación

Las patatas se lavan y, sin quitarles la piel, se ponen a cocer en agua con sal. Una vez cocidas, se pasan por un chorro de agua fría, se pelan y se cortan en rodajas finas. A continuación, se les añade la lata de bonito —desmenuzado—, se les agrega un poco más de sal y se colocan en una fuente alargada.

Con los huevos, la cebolla, perejil, vinagre, aceite y sal se prepara una salsa vinagreta, y con ella se cubren las patatas. Alrededor se pone la lechuga aliñada y unas rodajas de tomate. Sin más, se sirven.

pisto con patatas]

Tiempo de elaboración:
17 minutos

Poder calórico:
176

Ingredientes para 4 o 5 personas

1/2 kg de patatas, 2 cebollas,
3/4 kg de tomates, 1 huevo cocido,
1 pimiento grande, aceite, sal.

Preparación

Las patatas se pelan, se sazonan con sal y se cortan como para tortilla. Se ponen a freír en una sartén con aceite y, una vez fritas, se les añade la cebolla picada, que se dejará dorar despacio. Los tomates, pelados, limpios y troceados, se incorporan a la sartén cuando la cebolla ya esté frita. El pimiento se asa, se pela bien, se corta en tiras y se agrega al pisto.

Por último, se sazona con sal y se quita algo de aceite si tiene demasiado.

Se sirve acompañado de trozos de huevo cocido.

tortilla de berenjenas y calabacín]

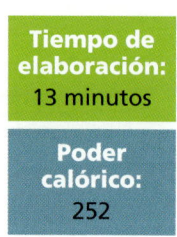

Tiempo de elaboración:
13 minutos

Poder calórico:
252

Ingredientes para 4 personas

4 huevos, 2 berenjenas, 1 calabacín, 100 gramos de jamón serrano, 2 tomates, 1 cebolla, aceite, sal.

Preparación

En una sartén grande con aceite se pone al fuego la cebolla picada. Cuando esté casi tierna, se le añaden los tomates, pelados, limpios y cortados en trozos, el calabacín y las berenjenas —ambos ingredientes pelados y troceados—. Se fríen lentamente y, por último, se agrega el jamón cortado en dados, sazonándolo todo con un poco de sal, teniendo en cuenta que el jamón ya está salado.

Se baten los huevos y se incorpora la mezcla anterior. Se prepara la tortilla dorándola por ambos lados y dejándola jugosa por dentro. Se sirve caliente.

tortilla de cebolla y bonito]

Tiempo de elaboración:
7 minutos

Poder calórico:
224

Ingredientes para 4 personas

*4 huevos, 2 latas de bonito,
1 cebolla, aceite, sal.*

Preparación

En un poco de aceite se fríe lentamente la cebolla picada muy fina, removiendo para evitar que se dore. Aparte, en un recipiente se baten los huevos y se les añade el bonito desmenuzado y la cebolla —ya frita—, ambas cosas bien escurridas de aceite. Se sazona teniendo en cuenta que el bonito ya está salado. En la misma sartén de antes, con muy poco aceite caliente, se cuaja la tortilla, sirviéndola de inmediato.

Esta tortilla también puede prepararse con patata. Para ello, se fríe un poco la patata y después se incorpora la cebolla, continuando la fritura de ambos ingredientes juntos hasta que estén en su punto. El resto del proceso es el mismo que para la tortilla de cebolla y bonito.

tortilla brazo de gitano]

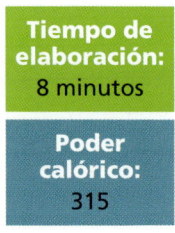
Tiempo de elaboración:
8 minutos

Poder calórico:
315

Ingredientes para 4 personas

4 huevos, 1 vaso pequeño de leche, 100 gramos de jamón York en lonchas, 100 gramos de queso en lonchas, 3 cucharadas de queso parmesano rallado, pimienta, aceite, sal.

Preparación

Los huevos se baten en un recipiente junto con la leche y el queso rallado, sazonándolos después de sal y pimienta. Se pone a calentar una sartén con un poco de aceite y se vierten en ella los huevos. La tortilla se cuaja por ambos lados y se coloca en un plato.

A continuación, y sin dejar que enfríe, se cubre primero con el queso para que se funda y después con el jamón. La tortilla se enrolla hasta formar un cilindro y se sirve cortada en cuatro trozos.

tortilla de queso]

Tiempo de elaboración:
16 minutos

Poder calórico:
442

Ingredientes para 1 persona

2 huevos, 50 gramos de queso rallado, 1 cucharada de mayonesa, aceite, sal.

Preparación

Se separan las claras de las yemas de los huevos, batiendo las claras a punto de nieve hasta que estén sólidas. En otro recipiente, se mezclan las yemas con la mayonesa y se diluyen en un chorrito de agua. A continuación, se incorporan las claras batidas, se sazona con sal y se revuelve hasta que esté todo bien unido.

En una fuente redonda, no muy grande, se pone un chorro de aceite y se introduce en el horno microondas, al 100% de potencia, durante unos dos minutos, hasta que el aceite esté caliente. Se reparte el aceite en la fuente para que cubra bien el fondo y los laterales. Se vierte el preparado de huevos y se mete en el microondas por espacio de ocho minutos, esta vez al 50% de potencia. Si el aparato no dispone de plato giratorio habrá que dar vuelta a la fuente a la mitad de la cocción.

Una vez esté la tortilla ligeramente cuajada, se espolvorea sobre ella el queso y se dobla por la mitad. Se cocina de nuevo en el microondas, por espacio de un minuto, a mitad de potencia, hasta que el queso esté ligeramente fundido, y en ese punto se sirve. Puede acompañarse con una ensalada.

tortilla vegetal]

Tiempo de elaboración:
16 minutos

Poder calórico:
181

Ingredientes para 3 personas

4 huevos, 1 lechuga pequeña, 1/4 kg de zanahorias, aceite, sal.

Preparación

Las zanahorias, peladas y cortadas en rodajas finas, se ponen en una cazuela con un poco de aceite y se rehogan durante unos minutos.

A continuación, se lava la lechuga y se pica menuda. Se mezclan las zanahorias y la lechuga y se echan en un recipiente, cubriéndolo todo de agua. Se sazona de sal y se deja cocer todo por espacio de 10 minutos o hasta que las zanahorias estén tiernas.

Transcurrido este tiempo, se escurren bien y se mezclan con los huevos batidos. En una sartén con aceite se prepara una tortilla que se dorará por ambos lados.

Sin más, se sirve caliente.

legumbres

Toda dieta que se pretenda sana y equilibrada debe incluir las legumbres, ya que proporcionan, además de minerales como hierro, magnesio y fósforo, gran cantidad de fibra.

No obstante, tan recomendable manjar provoca tremendas quejas entre quienes no dedican al arte de cocinar más de media hora. Y es que solemos achacarles a nuestras legumbres la considerable desventaja de que requieren mucho miramiento y demasiado tiempo de elaboración; mala prensa, pues, con los tiempos que corren.

Sin embargo, nada más lejos de la realidad, ¿acaso existe una comida más cómoda y sencilla que el incluir unos cuantos ingredientes en una olla y no mirar, literalmente, hacia ellos? Y en cuanto al tiempo, ¿hay alguien que cocine con prisas y no conozca el gran invento de la olla a presión? Como máximo requiere 30 minutos, durante los cuales, además, se puede estar haciendo otra cosa.

Solamente hay un requisito que estos alimentos exigen: estar un tiempo a remojo antes de pasar a la olla. Por lo demás, quien tenga tiempo y ganas de prepararlas de la manera tradicional, adelante, disfrutará, sin duda, de un espléndido manjar; pero los menos "cocinitas" tampoco tienen por qué privarse de ellas. A comer legumbres, pues, y no sólo por comodidad, también, y principalmente, por la propia salud.

alubias de color con arroz]

Tiempo de elaboración:
25 minutos

Poder calórico:
401

Ingredientes para 4 o 5 personas

1/2 kg de alubias de color,
100 gramos de arroz, 1/2 cebolla,
2 dientes de ajo, pimentón, aceite, sal.

Preparación

En la olla con agua fría se ponen a cocer las alubias. Ya cocidas, se les agrega un sofrito hecho con un poco de aceite, dos dientes de ajo picados, cebolla y piménton. Todo ello se vierte sobre las alubias, éstas se salan y se les añade el arroz. Es importante que las alubias estén muy caldosas en el momento de echar el arroz. Nuevamente se deja cocer hasta que el arroz esté en su punto —unos 15 minutos—. Entonces se retira del fuego, se deja reposar unos momentos y se sirve.

alubias estofadas]

Tiempo de elaboración:
25 minutos

Poder calórico:
350

Ingredientes para 5 o 6 personas

600 gramos de alubias,
1 o 2 huevos cocidos, 1 trozo de cebolla,
1 diente de ajo, 1 rama de perejil,
pimentón, 1 cucharada de pan molido,
azafrán, laurel, aceite, sal.

Preparación

Después del remojo, las alubias se escurren y se ponen en la olla con cebolla, media hoja de laurel, una rama de perejil, un diente de ajo picado, un poco de pimentón y aceite crudo. Cubiertas de agua fría, se sacuden un poco y se cuecen. Cuando estén tiernas se sazonan de sal y azafrán, se les agrega el pan molido y se dejan cocer de nuevo unos minutos. Ya en su punto, se retiran y se dejan reposar unos minutos antes de servirlas. Al tiempo de llevarlas a la mesa se ponen en una fuente y se colocan por encima los huevos cortados en trozos largos o picados.

alubias pintas con vino]

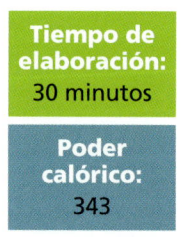

Tiempo de elaboración:
30 minutos

Poder calórico:
343

Ingredientes para 4 o 5 personas

500 gr de alubias pintas, 1 cebolla, 1 vaso de vino tinto, laurel, perejil, pimienta, aceite, sal.

Preparación

Después del remojo, se ponen las alubias en la olla con el vino, el laurel y la cebolla, picada fina y frita previamente. Se sazona de sal y pimienta y se deja cocer 25 minutos.

Una vez cocidas, se sirven en una fuente con el perejil picado sobre ellas.

alubias en salsa verde]

Tiempo de elaboración:
25 minutos

Poder calórico:
336

Ingredientes para 4 personas

400 gramos de alubias blancas, 1/4 de cebolla, 3 dientes de ajo, perejil, aceite, sal.

Preparación

Remojadas las alubias, se ponen en la olla cubiertas con agua fría, la cebolla sin picar y un chorro de aceite. Una vez cocidas, se sazona de sal y se les añade la siguiente salsa.

En una sartén aparte se fríen los ajos, sin dorados demasiado. Se sacan para el mortero y se machacan con una buena cantidad de perejil. Se mezcla esta pasta con un poco del caldo de las alubias.

Tanto la salsa como el aceite de freír los ajos se añaden a las alubias, de las que se retira la cebolla. Se sirven, muy calientes en una fuente.

alubias a la vinagreta]

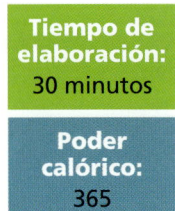

Tiempo de elaboración:
30 minutos

Poder calórico:
365

Ingredientes para 5 o 6 personas

600 gramos de alubias, 2 huevos cocidos, 2 tomates, 1 diente de ajo, 1/2 hoja de laurel, vinagre, pimentón, azafrán, perejil, aceite, sal.

Preparación

Se estofan las alubias como se explica en la receta de las alubias estofadas.

Con cebolla, perejil, un huevo cocido, aceite y vinagre, se prepara una salsa vinagreta. Las alubias se pasarán a una fuente —quitando parte del caldo cuando sea mucha cantidad—, y se vierte por encima la salsa vinagreta, sacudiendo la fuente para que la salsa penetre bien en las alubias. Se colocan por encima unas lonchas muy finas de huevo y alrededor unas rodajas de tomate cortadas finas. El tomate se puede sustituir por lechuga picada, que se pondrá en los bordes de la fuente y sería aliñada al tiempo de servirla.

cocido de vigilia]

Tiempo de elaboración:
37 minutos

Poder calórico:
443

Ingredientes para 4 personas

*400 gramos de garbanzos, 1 cebolla,
2 zanahorias, 2 dientes de ajo,
2 manojos de espinacas,
1 tazón de tomate, 2 huevos duros,
laurel, aceite, sal.*

Preparación

Se ponen los garbanzos a remojo en agua tibia la noche anterior. Luego se pasan a la olla, junto con media cebolla, las zanahorias cortadas en trozos, el laurel y la sal. Se cubre con agua y se deja cocer 30 minutos.

Aparte, se cuecen las espinacas y la otra media cebolla, picada y frita con el ajo y el tomate.

Luego se mezclan los ingredientes de las dos ollas y se dejan cocer otros 7 minutos. Finalmente, se pasa a una fuente y se adorna con los huevos cocidos.

fabas con almejas y marisco]

Tiempo de elaboración:
33 minutos

Poder calórico:
416

Ingredientes para 6 personas

3/4 kg de fabas —judías blancas—,
300 gramos de almejas,
300 gramos de colas de langostinos,
300 gramos de troncos de cangrejo,
1 cebolla pequeña, 2 dientes de ajo,
1 vaso de vino blanco, perejil picado,
1 hoja de laurel, aceite, sal.

Preparación

Después de pasar 12 horas a remojo, las fabas se ponen en una cazuela con un chorro de aceite, un diente de ajo picado, la cebolla también picada y la hoja de laurel. Se cubren con agua, se tapa la cazuela con plástico adhesivo y se introduce en el horno microondas, conectado al 100% de potencia, durante unos 20 minutos. Mientras cuecen, conviene mover la cazuela varias veces y añadir agua poco a poco si perdiesen mucho líquido. Una vez cocidas, se reservan. En otra cazuela se ponen un poco de aceite y el otro diente de ajo muy picado, y se mete en el microondas, sin tapar, durante unos tres minutos, cuidando de que no se queme el ajo.

A continuación se añaden las almejas bien lavadas, el perejil picado y el vaso de vino blanco. Se tapa la cazuela y se vuelve al microondas por espacio de cinco minutos a la máxima potencia, hasta que se abran las almejas. Cuando hayan abierto, se retira una de las conchas y se agregan las colas de los langostinos —pelados en crudo— y los troncos de cangrejo en tiras. Se tapa nuevamente y se cuece otros cinco minutos sin variar la potencia. Este preparado se vierte sobre las fabas que se tenían reservadas y todo ello se termina de cocer con cinco minutos más en el horno microondas.

fríjoles levantinos]

Tiempo de elaboración:
30 minutos

Poder calórico:
347

Ingredientes para 4 personas

*400 gramos de fríjoles
—alubias negras—,
1 cebolla pequeña, 6 dientes de ajo,
laurel, aceite, sal.*

Preparación

Se ponen a cocer los fríjoles en agua fría, con los ajos enteros, la cebolla y el laurel, un poco de pimentón si se desea, y una taza pequeña de aceite. Se dejan cocer a fuego lento, añadiendo agua fría en caso de secarse. Cuando queden tiernos, se sazonan y se siguen cociendo hasta que estén en su punto. Debe quedarle un caldo gordo.

Pueden servirse acompañados de huevo cocido.

habas con alcachofas]

Tiempo de elaboración:
30 minutos

Poder calórico:
515

Ingredientes para 4 personas

*400 gramos de habas tiernas,
1/2 kg de tomates, 8 alcachofas,
2 dientes de ajo, 1 cebolla, miga de pan,
pimienta, laurel, perejil, hierbabuena,
comino, azafrán, aceite, sal.*

Preparación

Se desgranan las habas y se ponen a cocer en la olla cubiertas con agua. En una sartén con aceite se fríen la cebolla picada y los ajos; ya dorados, se les añade el tomate pelado y limpio y se sazona de sal y pimienta.

Se les quita el agua a las habas y se les agrega el sofrito de la sartén, removiendo la cazuela para que se una todo. Seguidamente se echa agua de nuevo con una pizca de laurel, perejil, hierbabuena y las alcachofas bien limpias. Se deja cocer todo hasta que esté tierno y se haya consumido parte del agua.

Por último, se añade el azafrán, el comino, la miga de pan frita para espesar el caldo y sal.

habas tiernas en crema de leche]

| Tiempo de elaboración: 30 minutos |
| Poder calórico: 350 |

Ingredientes para 6 personas

600 gramos de habas frescas desgranadas,
1 vaso y medio de leche,
25 gramos de margarina,
1 cucharada de harina,
2 yemas de huevo, perejil, aceite, sal.

Preparación

Las habas se ponen a cocer en un recipiente destapado con agua hirviendo y sal durante 20 minutos. Transcurrido este tiempo, se calientan en una cazuela la margarina y dos cucharadas de aceite, y se agregan las habas espolvoreándolas con la harina y un poco de perejil picado. Se remueve para mezclarlo todo y poco a poco se incorpora la leche, dejándolo cocer lentamente durante unos 10 minutos —hasta que las habas estén tiernas.

Aparte, en una taza se echan las yemas y se deslíen con un poco de la salsa de cocer las habas, se vierte este preparado sobre las habas y se sirven de inmediato.

judías estofadas]

Tiempo de elaboración:
15 minutos

Poder calórico:
308

Ingredientes para 4 personas

400 gramos de judías, 1 cebolla, 1 ramita de hierbas aromáticas, 1 diente de ajo, vinagre, pimienta, aceite, sal.

Preparación

En la olla se ponen al fuego las judías, la cebolla, el ajo, el vinagre, las hierbas aromáticas —que podrán ser perejil, tomillo, laurel, clavo, comino o hierbabuena— la pimienta, un chorro de aceite y agua fría. Se cuecen y, al final, se sazonan con sal y pimienta

En caso de que la salsa quedase muy ligera, se puede espesar pasando una cucharada de judía por el pasapurés, añadiendo después esta crema al guiso.

moros y cristianos]

Tiempo de elaboración:
20 minutos

Poder calórico:
291

Ingredientes para 6 personas

*400 gramos de alubias negras,
100 gramos de arroz, cebolla,
1 diente de ajo, laurel, perejil, aceite, sal.*

Preparación

Se preparan las alubias estofadas del modo que se dijo en su receta, procurando que no queden con mucho caldo. Una vez cocidas, se colocan en una fuente con grupos de arroz blanco cocido y moldeado en pequeños recipientes de flan o en tazas pequeñas. Puede adornarse, si se desea, con huevos cocidos.

Es un plato muy típico español, principalmente del Sur y de Levante, donde se celebran todos los años las fiestas de Moros y Cristianos.

garbanzos con arroz]

Tiempo de elaboración:
40 minutos

Poder calórico:
415

Ingredientes para 4 o 5 personas

*1/2 kg de garbanzos,
100 gramos de arroz, cebolla,
1/2 hoja de laurel, 2 dientes de ajo,
azafrán, perejil, aceite, sal.*

Preparación

Se ponen en la olla los garbanzos ya remojados, el laurel, un diente de ajo y una rama de perejil machacados en el mortero y desleídos con un poco de agua. Una vez cocidos, se sazonan de sal.

En una sartén con aceite bien caliente se fríen un ajo y la cebolla finamente picada. Este sofrito, junto con un poco de azafrán ligeramente tostado, se agrega a los garbanzos. Al mismo tiempo, se les añade el arroz, dejándolo cocer durante 15 minutos, y procurando que quede un poco caldoso. Si aparecen síntomas de sequedad durante la cocción, se agregará un poco de agua templada o caliente.

Se dejan reposar unos minutos y se sirven.

garbanzos carmelita]

Tiempo de elaboración:
35 minutos

Poder calórico:
414

Ingredientes para 4 personas

400 gramos de garbanzos,
2 huevos cocidos, 2 cebollas,
perejil, laurel, clavo, aceite, sal.

Preparación

Se ponen en la olla los garbanzos con agua, con una caña de perejil, dos hojas de laurel, una cebolla entera con tres clavos de especia incrustados en ella, un chorro de aceite y sal.

Aparte, se machacará en el mortero otra cebolla que se habrá frito muy picada. A esta pasta se le añaden unos garbanzos y tres yemas de huevo, ayudando con un poco de caldo a que todo se deshaga bien. Por último, se agrega a los garbanzos, que cocerán unos cinco minutos más, y se sirven con las claras de huevo cocido picadas y espolvoreadas por encima.

garbanzos con espinacas]

Tiempo de elaboración:
40 minutos

Poder calórico:
382

Ingredientes para 5 o 6 personas

1/2 kg de garbanzos,
300 gramos de bacalao,
1 o 2 huevos cocidos, 1 cebolla,
1/2 kg de espinacas, 1 diente de ajo,
pimentón, laurel, 1 rebanada de pan,
perejil, aceite, sal.

Preparación

Remojados los garbanzos y desalado el bacalao, se cuecen con laurel. En aceite muy caliente se dora una rebanada de pan no muy grande, y se reserva. En el mismo aceite se dora un diente de ajo y se reserva. En el aceite restante se fríe un poco de cebolla muy picada, que se agregará después a los garbanzos con un pellizco de pimentón.

Las hojas de las espinacas, sin tallos, se lavan en agua fresca y se escaldan durante unos minutos en agua hirviendo. A continuación se pasan por agua fría, se agitan en un escurridor, se pican y se echan sobre los garbanzos.

En el mortero se machaca la tostada de pan, el ajo frito y una rama de perejil, junto con la yema del huevo cocido. Todo ello se deslíe con un poco del caldo usado para cocer los garbanzos y se vierte sobre el conjunto. Se sazona de sal y se deja cocer lentamente unos minutos. Antes de servir, reposará durante un corto tiempo. Las claras del huevo se pueden aprovechar para otro plato o bien ponerlas picadas sobre el cocido.

garbanzos guisados]

Tiempo de elaboración:
35 minutos

Poder calórico:
376

Ingredientes para 6 personas

1/2 kg de garbanzos, 1/2 kg de patatas, 1 cebolla, 2 dientes de ajo, 4 tomates, perejil, pimentón, pimienta, aceite, sal.

Preparación

Después de pasar la noche anterior a remojo, los garbanzos se ponen a cocer en la olla con agua y sal. Cuando estén casi cocidos, se agregan las patatas, peladas y cortadas en trozos de tamaño similar.

En una sartén con un chorro de aceite se fríen la cebolla picada y los dientes de ajo, añadiendo a continuación los tomates pelados y sin semilla. Después de rehogar bien, se sazona con pimentón y se espolvorea con perejil picado.

Este sofrito se echa sobre los garbanzos, que terminarán de cocer a fuego muy suave, cuidando de que no revienten. Antes de servir, se sazona con sal y pimienta.

guisantes a la crema con jamón]

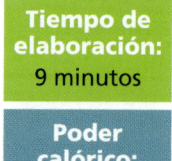

Tiempo de elaboración:
9 minutos

Poder calórico:
165

Ingredientes para 5 personas

500 gramos de guisantes congelados, 50 gramos de jamón, 1/2 cebolla, 1 lechuga, 1 cucharada de mantequilla, 4 cucharadas de crema de leche, pimienta, perejil picado, nuez moscada, sal.

Preparación

En un recipiente amplio se ponen la mantequilla, la cebolla picada muy finamente y la lechuga cortada en tiras finas y largas. Se tapa con plástico adhesivo y se introduce en el horno microondas, conectado al 100% de potencia, durante unos dos minutos. Transcurrido este tiempo, se revuelve y se deja dos minutos más a la misma potencia.

A continuación se añaden los guisantes, se remueve la mezcla, se tapa nuevamente y se vuelve al microondas otros tres minutos sin variar la potencia.

Hecho esto, se incorpora el jamón troceado y se termina de cocer con dos minutos en el horno.

Por último, se agregan el perejil picado, la crema de leche, la nuez moscada y la pimienta. Antes de servir, se comprobará si es necesario añadir sal, ya que con el jamón puede ser suficiente.

guisantes a la francesa]

Tiempo de elaboración:
15 minutos

Poder calórico:
224

Ingredientes para 4 personas

400 gramos de guisantes desgranados, 12 cebolletas, 1 lechuga, 50 gramos de margarina vegetal, 1 cucharada de azúcar, sal.

Preparación

En una cacerola con poca agua se echan todos los ingredientes, se tapa y se pone a cocer a fuego lento. Conviene remover la cazuela varias veces durante la cocción. Si se agotase el líquido, se puede añadir más agua, pero en cantidades muy pequeñas y echándola poco a poco.

Cuando los guisantes estén tiernos, se retiran del fuego y se comprueban de sal. Si la salsa estuviera muy clara, se puede engordar con una cucharada de margarina untada con harina. Se sirven calientes.

guisantes con hierbabuena]

Tiempo de elaboración:
18 minutos

Poder calórico:
188

Ingredientes para 4 personas

400 gramos de guisantes desgranados, 3 ramitas de hierbabuena, 50 gramos de margarina vegetal, azúcar, sal.

Preparación

Se pone al fuego una cazuela con dos litros de agua y un poco de sal. Cuando llegue el hervor se echan los guisantes y un ramo hecho con hierbabuena —reservando cinco o seis hojas—. Los guisantes cocerán en ebullición durante unos 15 minutos. Se sabrá si están tiernos aplastando uno con los dedos.

Entre tanto, las hojas de hierbabuena que se habían reservado se lavan, se trocean y se hierven un par de minutos. Una vez cocidos los guisantes, se escurren, se saca el ramo de hierbabuena y se ponen al fuego en una olla distinta para que sequen, sacudiéndolos tantas veces como sea necesario con el fin de que no se peguen. Se sazonan con sal y azúcar y, al poco tiempo, se retiran del fuego. Por encima se echa la margarina derretida, se espolvorea la hierbabuena desmenuzada y se sirven.

guisantes con jamón]

Tiempo de elaboración:
13 minutos

Poder calórico:
178

Ingredientes para 6 personas

600 gramos de guisantes desgranados, 75 gramos de jamón, 2 zanahorias, 1 lata de pimientos, cebolla, 1 diente de ajo, perejil, aceite, sal.

Preparación

En una cazuela con aceite caliente se fríen cebolla picada muy menuda y las zanahorias también picadas. Cuando comience a dorar, se añade el jamón en trocitos, se

guisantes a la crema con jamón >

rehoga un poco y se echan los guisantes junto con unos trozos grandes de cebolla, un diente de ajo entero y una rama de perejil. Al sazonar, se debe tener en cuenta que el jamón está salado. Se dejará cocer suavemente en caldo o agua hirviendo. Conviene cubrir la olla con una tapadera que ajuste bien.

De vez en cuando se removerán con una cuchara, teniendo cuidado de que no revienten. Una vez tiernos, y después de retirar el ajo, los trozos de cebolla y la rama de perejil, se sirven en una fuente con tiras de pimiento.

lentejas con arroz]

Tiempo de elaboración:
27 minutos

Poder calórico:
313

Ingredientes para 4 o 5 personas

300 gramos de lentejas,
100 gramos de arroz, pan molido,
cebolla, 1 diente de ajo, perejil,
pimentón, laurel, aceite, sal.

Preparación

Se prepara un estofado de lentejas tal y como se explica en la receta de lentejas estofadas (pág. 130). Ya cocidas, se les añade el arroz y se dejan hervir durante 15 minutos, procurando que estén un poco caldosas.

Pasado este tiempo, se sirven después de cinco minutos de reposo.

lentejas caseras]

Tiempo de elaboración:
25 minutos

Poder calórico:
221

Ingredientes para 3 o 4 personas

250 gramos de lentejas,
1/4 litro de caldo de verduras,
1 cebolla mediana, 1 hoja de laurel, sal.

Preparación

Después de estar dos horas a remojo, las lentejas se ponen a hervir —sin cambiar el agua— con una hoja de laurel y un poco de sal, por espacio de 12 minutos en la olla a presión. Una vez cocidas, se pasan por un colador, conservando el agua de la cocción. En esta agua se echa el caldo de verduras hirviendo y se pasa la mezcla a un cuenco.

Con un pasapurés se reducen a puré tres cucharadas de lentejas y se unen al cuenco para espesar el líquido. Este líquido se pasa a una cazuela, donde se une con las lentejas que se habían reservado. Por encima se distribuye la cebolla picada muy finamente. La cazuela se pone al fuego y se termina de cocinar en unos 10 minutos, sirviéndose a continuación.

lentejas estofadas]

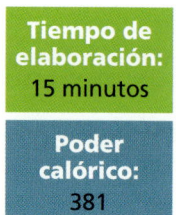

Tiempo de elaboración:
15 minutos

Poder calórico:
381

Ingredientes para 4 personas

400 gramos de lentejas,
1 trozo de cebolla,
1 diente de ajo, 1 hoja de laurel,
1 cucharada de pan molido,
pimentón, perejil, aceite, sal.

Preparación

Escogidas y limpias las lentejas —se tiran las que sobrenadan en el agua ya que están huecas—, se escurren y se les añade el ajo y la cebolla bien picados, el laurel, pimentón, una rama de perejil, un poco de sal y un chorro de aceite crudo.

Se rasan de agua y se cuecen, añadiéndoles al final el pan molido para espesar el caldo

comer marisco
y pescado

El pescado forma parte esencial de la alimentación del hombre desde las sociedades prehistóricas, antes incluso que las hortalizas y las carnes, puesto que éstas exigían cierto grado de desarrollo: el cultivo en el primer caso y la doma de animales en el segundo; el pescado, sin embargo, resultaba fácil de coger y se comía crudo.

En nuestros días, no es precisamente la técnica lo que condiciona la alimentación, pero los peces, ya sean de mar o de agua dulce, continúan entre los productos básicos por la cantidad de beneficios que proporcionan.

No ocurre lo mismo con el marisco. Tanto los crustáceos como los moluscos, aunque se sabe que ya los disfrutaban egipcios, griegos y romanos, se han convertido hoy en un "artículo de lujo" en el arte culinario, de ahí el gran protagonismo que alcanzan en celebraciones y actos que se conmemoran en torno a una mesa.

almejas a la marinera]

Tiempo de elaboración:
18 minutos

Poder calórico:
156

Ingredientes para 4 personas

1/2 kg de almejas, 1 vaso de vino blanco, pan rallado, 1 limón, 1 cebolla grande, 4 dientes de ajo, guindilla, perejil, aceite, sal.

Preparación

Las almejas, lavadas en agua fría, se ponen a fuego vivo en un recipiente con una taza de agua. A medida que se vayan abriendo, se retiran con una espumadera, despojándolas de la cáscara superior —dejando la valva sobre la que están pegadas— y se colocan en una cazuela. El agua de cocción se cuela y se reserva.

Aparte, en una sartén con un chorro de aceite caliente se fríen la cebolla y los ajos picados menudos. Cuando comiencen a dorar, se les incorporan una cucharada de pan rallado y unas ramitas de perejil picado muy fino. Se remueve bien todo el preparado y, a continuación, se riega con el agua de cocer las almejas, el vino blanco, el zumo del limón y una guindilla.

Se deja hervir un momento, vertiéndolo después sobre las almejas y poniendo éstas a cocer a fuego lento durante un cuarto de hora. Pasado este tiempo, se rectifican de sal y se sirven bien calientes en la misma cazuela. La salsa debe quedar espesa, por lo que, en caso necesario, puede agregarse un poco más de pan rallado.

almejas con tomate]

Tiempo de elaboración:
18 minutos

Poder calórico:
151

Ingredientes para 4 personas

1/2 kg de almejas, 2 o 3 tomates, 1 pimiento, 2 dientes de ajo, pimienta, aceite, sal.

Preparación

En una cazuela grande con aceite se fríen los tomates, limpios, pelados y cortados en trozos, junto con el pimiento ligeramente asado, pelado y picado.

Las almejas, bien lavadas, se abren poniéndolas al fuego en un recipiente con un poco de agua. Una vez abiertas, se echan en la salsa de tomate, así como el agua de cocerlas —colada a través de un paño fino—, agregando también los ajos, un poco de pimienta y sal. Se cuece todo junto durante unos siete minutos y se sirve a continuación, bien caliente, en la misma cazuela.

berberechos **al vapor]**

Tiempo de elaboración:
13 minutos

Poder calórico:
156

Ingredientes para 4 personas

700 gramos de berberechos,
1 vaso de vino blanco, 2 puerros,
1 zanahoria, 1 cebolla grande,
1 diente de ajo, 2 hojas de laurel,
perejil, tomillo fresco, aceite, sal.

Preparación

En una cazuela con cuatro cucharadas de aceite se rehogan la cebolla, la zanahoria, los puerros y el diente de ajo, una vez pelado y picado todo ello muy menudo. Antes de que lleguen a dorar estos ingredientes, se incorporan las hojas de laurel, unas ramas de perejil picadas, una ramita de tomillo fresco, el vino blanco y los berberechos lavados —tal y como se ha explicado para las almejas.

Tras sazonar con sal, se tapa la cazuela y se cuece a fuego vivo durante ocho minutos o hasta que los berberechos hayan abierto. Ya en su punto, se sirven en una fuente amplia, regados con el caldo de la cocción una vez filtrado a través de un paño.

merluza cocida]

Ingredientes para 4 personas

800 gramos de merluza, limón, 1/2 cebolla, 1 diente de ajo, perejil, aceite, sal.

Preparación

En una cazuela proporcional a las cantidades que se vayan a emplear, se echan agua fría, media cebolla, el diente de ajo, una rama de perejil, un trozo de limón y un pellizco de sal. Se pone la cazuela en el fuego y se cuece todo unos minutos para que se haga el caldo. Seguidamente, se separa del fuego, dejándolo enfriar.

Una vez frío el caldo, se incorpora la merluza y se pone de nuevo al fuego. Cuando rompa a hervir, se deja cocer hasta que comience a salir espuma. Entonces, se retira del fuego y se deja enfriar el pescado dentro del caldo. Ya frío, se escurre, colocando la merluza en un plato y tapándola con un paño para que no se seque si no se va a consumir inmediatamente.

Se sirve con mayonesa o vinagreta, presentadas en salsera aparte. En el caso de que la merluza estuviera cortada en rodajas, se prepara el caldo de igual forma; una vez frío, se introducen las rodajas de merluza hasta que comience a hervir, en ese punto se retira el recipiente del fuego y se agrega un poco de agua o un cubito de hielo para que no siga hirviendo. El pescado se deja enfriar, al igual que antes, dentro del caldo.

merluza al horno]

Tiempo de elaboración:
30 minutos

Poder calórico:
174

Ingredientes para 6 personas

6 rodajas gruesas de merluza,
50 gramos de aceitunas sin hueso,
1 lata pequeña de champiñones,
2 huevos duros, 1 limón, 1 cebolla,
perejil, aceite, sal.

Preparación

La merluza se limpia y sazona con sal. En una fuente de horno, ligeramente untada con aceite, se coloca el pescado junto con la cebolla cortada en rodajas muy finas y se rocía con un chorro de aceite y el zumo del limón.

Seguidamente se incorporan las aceitunas, los champiñones, los huevos —todo ello picado— y dos o tres ramas de perejil también muy picado. Se introduce la fuente en el horno por espacio de 15 o 20 minutos a temperatura moderada y se sirve a continuación, caliente en la misma fuente.

merluza en salsa verde]

Tiempo de elaboración:
25 minutos

Poder calórico:
204

Ingredientes para 6 personas

6 rodajas de merluza, 1 limón,
1 cucharada de harina,
3 patatas medianas, 4 dientes de ajo,
1/2 hoja de laurel, perejil, aceite, sal.

Preparación

La merluza se limpia y se rocía con zumo de limón, dejándola en reposo unos minutos. En una cazuela de barro, con un buen chorro de aceite, se fríen los ajos. Cuando estén dorados, se retiran del aceite y se reservan. Las patatas, peladas y cortadas en rodajas finas, se echan en el mismo aceite y se fríen un poco.

A continuación, se agrega una cucharada de harina —para que la salsa quede espesa—, media hoja de laurel y un chorro de agua. Las patatas se dejan cocer unos minutos hasta que estén tiernas; en ese momento, se colocan las rodajas de merluza sazonadas con sal y espolvoreando por encima cuatro cucharadas de perejil picado.

Los ajos reservados se machacan en el mortero y se deslíen con una cucharada de agua, incorporándolos también al guiso. Se cuece todo junto por espacio de 15 minutos, agitando la cazuela de vez en cuando para que ni la salsa ni la merluza se peguen al fondo de la cazuela.

Se sirve de inmediato.

salmón al horno]

Tiempo de elaboración:
15 minutos

Poder calórico:
450

Ingredientes para 6 personas

6 rodajas de salmón, Jerez seco, lechuga, limón, tomates, 30 gramos de mantequilla, aceite, sal.

Preparación

El salmón, limpio y sazonado con sal, se coloca en una fuente de horno previamente untada con aceite. Sobre el pescado se reparten pequeños trozos de mantequilla y se introduce en el horno a temperatura media-fuerte por espacio de 15 minutos.

Transcurrido este tiempo, se saca la fuente del horno y se rocía el pescado con unas gotas de Jerez.

Para servir, se pasa a una fuente, donde se adorna con lechuga picada, tomates cortados en rodajas y limón en cuñas.

merluza en salsa verde >

salmón a la parrilla]

Tiempo de elaboración:
5 minutos

Poder calórico:
398

Ingredientes para 6 personas

6 rodajas de salmón,
1 cebolla, perejil, aceite, sal.

Preparación

El salmón, cortado en rodajas de uno o dos centímetros de grosor, lavado en agua fresca y seco, se sazona de sal por los dos lados.

Aparte, en un plato se mezclan siete cucharadas de aceite, la cebolla y el perejil —todo ello picado muy menudo—. Las rodajas de salmón se rebozan con este preparado y se dejan en reposo por espacio de una hora, dándoles vueltas de vez en cuando para que tomen bien el adobo.

Transcurrido este tiempo, se calienta la parrilla y, después de untarla con aceite, se colocan los trozos de salmón sobre ella. El salmón se asa durante cinco minutos por cada lado.

Una vez en su punto, se pasa a una fuente y se sirve muy caliente. Puede acompañarse con rodajas de limón.

salmonetes fritos]

Tiempo de elaboración:
8 minutos

Poder calórico:
198

Ingredientes para 6 personas

*6 salmonetes, harina,
2 cucharadas de pan rallado, 1 limón,
perejil, aceite, sal.*

Preparación

Los salmonetes se limpian, se descaman y se sazonan con sal. A continuación, se rebozan ligeramente en harina y se fríen en abundante aceite caliente hasta dorarlos. Una vez en su punto, se disponen en una fuente, uno al lado del otro.

En un poco de aceite limpio se fríe el pan rallado. Cuando comience a dorar, se agrega una ramita de perejil picado fino y se rocían los salmonetes con este refrito. Se sirven acompañados con rodajas de limón.

sardinas fritas]

Tiempo de elaboración:
5 minutos

Poder calórico:
200

Ingredientes para 4 personas

2 docenas de sardinas, harina, aceite, sal.

Preparación

Una vez limpias de escamas y tripas, la sardinas se lavan y se escurren bien. A continuación, se sazonan con sal, se rebozan ligeramente en harina y se fríen en abundante aceite bien caliente hasta dorarlas. Se sirven de inmediato.

El aceite ha de estar bien caliente y ser abundante. Las sardinas pueden freírse sin antes pasarlas por harina, pero la mayoría de los pescados fritos quedan mejor con una fina capa de rebozo.

sardinas a la plancha]

Tiempo de elaboración:
4 minutos

Poder calórico:
178

Ingredientes

Sardinas, aceite, sal.

Preparación

Las sardinas, lavadas pero sin quitarles la cabeza ni las tripas, se salan y se colocan sobre una plancha caliente o una parrilla previamente engrasada con aceite. Se dejan dorar por los dos lados, dándoles vuelta con una espumadera, y se sirven de inmediato.

Hay que vigilar el punto de calor de la plancha y la cantidad de grasa, para evitar que las sardinas se peguen al hierro y queden quemadas.

truchas fritas a la navarra]

Tiempo de elaboración:
10 minutos

Poder calórico:
185

Ingredientes para 4 personas

4 truchas, lonchas de jamón, aceite, sal.

Preparación

Las truchas se limpian bien y se sazonan de sal, aprovechando la abertura que se hace al limpiarlas para introducir en ella unas tiras de jamón.

En una sartén se rehoga a fuego lento un poco de jamón troceado menudo y, a continuación, se añade aceite. Una vez que el aceite esté bien caliente, se echan las truchas y se doran por ambos lados. No conviene darles vuelta hasta que estén bien doradas, con el fin de que no se deshagan.

Al mismo tiempo, en otra sartén se fríe el jamón, agregándolo a las truchas cuando se están friendo. Ya en su punto, se escurren bien y se sirven en una fuente.

Si las truchas son recién pescadas conviene tenerlas unas horas en el frigorífico para que al freírlas no se doblen; además, pueden sujetarse con un palillo para que no se abran.

truchas con hinojo]

Tiempo de elaboración:
25 minutos

Poder calórico:
136

Ingredientes para 6 personas

6 truchas de ración, 4 bulbos de hinojo, 2 limones, eneldo fresco, pimienta en grano, aceite de oliva, sal.

Preparación

Las truchas, limpias y cortadas en filetes, se sazonan ligeramente con sal y se reservan. Los bulbos de hinojo se lavan, retirándoles los hilos que tienen a lo largo de sus hojas, y se cortan a continuación en rodajas finas, que se cuecen durante 15 minutos.

En una fuente de horno untada con aceite se coloca una capa de filetes de trucha, otra de hinojo y así sucesivamente hasta finalizar con una última capa de trucha —en ningún momento deben quedar las capas cubiertas totalmente unas por otras—. Se rocía todo con un buen chorro de aceite de oliva, el zumo de un limón, unos granos de pimienta y sal.

Con el horno precalentado a temperatura moderada, se introduce la fuente por espacio de 10 minutos. Transcurrido este tiempo, se saca la fuente del horno y se sirven las truchas adornadas con unas ramitas de eneldo y con el otro limón cortado en rodajas.

truchas con patatas]

Tiempo de elaboración:
27 minutos

Poder calórico:
310

Ingredientes para 4 personas

2 truchas grandes, 2 limones,
1/2 kg de patatas pequeñas nuevas,
50 gramos de mantequilla,
1 taza de caldo de pescado, harina,
vino blanco, pimienta, sal.

Preparación

En una fuente refractaria se funde la mitad de la mantequilla a fuego lento. A continuación, se incorporan las truchas limpias, sazonadas con sal y pimienta y ligeramente enharinadas, rociándolas con el zumo del limón, una copa de vino blanco y la taza de caldo. Seguidamente, se introduce la fuente en el horno, a temperatura media, durante 10 minutos, regando de vez en cuando la trucha con el caldo.

Transcurrido este tiempo, se da vuelta al pescado y se añaden las patatas cocidas en agua y sal y escurridas, otra media copa de vino blanco y el zumo de otro limón. El resto de la mantequilla, cortada en dados, se coloca sobre las truchas y se introduce la fuente de nuevo en el horno por espacio de otros 10 minutos. Una vez en su punto, se sirven las truchas rodeadas de las patatas.

carne en la mesa

La carne constituye uno de los ingredientes tradicionales de nuestra cocina, debido, en parte, a que en España gozamos de ganaderías y criaderos de excelente calidad. Aunque la variedad de que disponemos es muy amplia, son las de vacuno, ovino, porcino y las aves de corral las que con más frecuencia requerimos en la carnicería, ya que se pueden cocinar de muy diversas y rápidas maneras.

Por otro lado, entre las grandes cualidades de la carne hemos de citar su enorme versatilidad. Se trata de un producto nada exigente en su acompañamiento, ya que puede combinarse con cualquier verdura, legumbre... y, cómo no, con un sinfín de hierbas aromáticas; de ahí que esté tan presente en nuestra mesa.

En cuanto a su valor nutritivo, suele señalarse la carne como la fuente principal de proteínas, fundamentales para la vida celular.

costillas de cerdo a la paisana]

Tiempo de elaboración:
20 minutos

Poder calórico:
690

Ingredientes para 3 personas

1/2 kg de costillas,
350 gramos de guisantes desgranados,
1/2 kg de patatas, caldo, ajo, laurel,
perejil, aceite, sal.

Preparación

Las costillas se cortan en trozos, se sazonan con sal y se fríen en aceite caliente. Una vez fritas, se ponen en una cazuela, se vierte sobre ellas el aceite de freírlas y se añaden las patatas peladas y cortadas en trozos regulares, rehogándolas y cubriéndolas con caldo. Se agrega una hoja de laurel y se cuece a fuego moderado hasta que las patatas estén hechas.

Los guisantes, si son muy tiernos, se incorporan 10 minutos después de las patatas; en otro caso, se cuecen aparte, mezclándolos luego con el resto de los ingredientes. Entre tanto, se machacan en un mortero dos dientes de ajo con unas ramas de perejil y se deslíen en un poco de caldo, agregándolos al guiso y rectificando de sal.

Cuando esté todo en su punto, se sirve en una fuente.

costillas de cerdo al tomillo]

Tiempo de elaboración:
10 minutos

Poder calórico:
473

Ingredientes para 6 personas

*1 kg de costillas de cerdo,
tomillo, aceite, sal.*

Preparación

Para el buen resultado de esta receta, es importante que las costillas estén cortadas con un grosor de tres centímetros. Se ponen en una cazuela con un poco de tomillo, sal y aceite, y se dejan reposando durante una hora. Transcurrido este tiempo, se sacan y se fríen en una sartén con un poco de aceite hasta que estén doradas por ambos lados.

Se sirven calientes acompañadas, si se desea, de una ensalada, patatas fritas o guisantes en guarnición.

chuletas de cordero fritas]

Tiempo de elaboración:
8 minutos

Poder calórico:
690

Ingredientes para 4 personas

*18 chuletas de cordero,
2 dientes de ajo, aceite, sal.*

Preparación

Para preparar esta receta simplemente se sazonan las chuletas con los ajos machacados y sal al gusto, y se fríen en abundante aceite caliente. Se sirven nada más sacarlas de la sartén, pudiendo ofrecerse como acompañamiento una ensalada fresca.

chuletas de ternera con guisantes]

<table>
<tr><td>Tiempo de elaboración:
17 minutos</td></tr>
<tr><td>Poder calórico:
298</td></tr>
</table>

Ingredientes para 6 personas

6 chuletas de ternera gruesas,
1/2 kg de guisantes desgranados o de lata, 1 cebolla pequeña,
caldo, vino blanco, aceite, sal.

Preparación

Los guisantes, si son frescos, se cuecen en agua hirviendo con sal hasta que estén tiernos. Ya cocidos, se escurren y se reservan.

Las chuletas se sazonan con sal y se fríen en una sartén con aceite. Una vez fritas, se colocan en una fuente y se reservan al calor.

En el mismo aceite de freír las chuletas se rehoga la cebolla bien picada. Cuando esté frita, se sazona con sal y se le añade un vasito de vino blanco. A continuación, se agrega un poco de caldo y los guisantes, que se rehogarán en la salsa durante unos momentos. Por último, se vierte todo sobre la carne y se sirve bien caliente.

entrecot a la pimienta]

Tiempo de elaboración:
10 minutos

Poder calórico:
371

Ingredientes para 3 personas

3 entrecots, 1 copita de brandy,
1/2 vaso de nata líquida,
pimienta negra en grano,
aceite, sal.

Preparación

La carne se limpia de grasa y se sazona ligeramente con sal. En un mortero se machaca la pimienta —unos 75 gramos— y con ella se rebozan abundantemente los entrecots.

En una sartén con aceite se fríen los filetes, dándoles el punto deseado —unos cuatro minutos por cada lado para que la carne quede en un punto medio—. Una vez fritos, se reservan en una fuente al calor.

En una sartén aparte se flamea el brandy y, a continuación, se agrega la nata líquida. Se hierve la salsa durante unos segundos y se vierte sobre la carne, sirviéndola de inmediato. Los entrecots a la pimienta pueden servirse acompañados de patatas fritas.

escalope de lomo al Jerez]

Tiempo de elaboración:
20 minutos

Poder calórico:
575

Ingredientes para 6 personas

*12 escalopes de lomo,
Jerez seco, nuez moscada, pimienta,
aceite, sal.*

Preparación

Los filetes se untan por ambos lados con el aceite, y se sazonan con sal y pimienta al gusto —y también con un poco de nuez moscada si se desea.

La carne se coloca en una fuente refractaria, se riega con dos copas de Jerez, se tapa y se cocina sobre el fuego durante 10 minutos. Pasado este tiempo, se da la vuelta a los filetes y se fríen otros 10 minutos más por el otro lado.

Ya en su punto, se sirven los escalopes, bien calientes, en la misma fuente, pudiendo acompañarse con verduras en guarnición o patatas fritas.

escalope de pollo]

Tiempo de elaboración:
12 minutos

Poder calórico:
280

Ingredientes para 4 personas

3 pechugas de pollo hechas filetes,
2 huevos, pan rallado,
2 dientes de ajo, aceite, sal.

Preparación

Los filetes se sazonan con los ajos machacados y sal al gusto, y se rebozan en huevo y pan rallado, friéndolos después hasta que doren. Con los huesos y demás partes sobrantes se puede preparar un caldo.

Una vez fritos todos los escalopes, se pueden servir solos o espolvoreados con queso rallado y gratinados unos momentos en el horno. También se pueden acompañar con espinacas salteadas.

filetes a las finas hierbas]

Tiempo de elaboración:
10 minutos

Poder calórico:
151

Ingredientes para 6 personas

6 filetes, vinagre, tomillo, estragón,
orégano u otras hierbas finas,
laurel, perejil, pimienta, aceite, sal.

Preparación

En una fuente honda, o cazuela de barro, se echa una tacita de aceite y media de vinagre con las hierbas aromáticas disponibles y un poco de pimienta. Los filetes se introducen en esta marinada durante tres horas. Pasado este tiempo, se sacan, se escurren y se salan, friéndolos en una sartén —o parrilla, si se prefiere.

En caso de freírlos, la marinada se vierte en la misma sartén, se cuece unos minutos, se cuela y se vierte sobre los filetes una vez fritos, sirviéndolos a continuación. Pueden acompañarse con guisantes cocidos, tiras de pimiento o patatas fritas.

hamburguesas con queso]

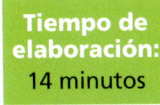

Tiempo de elaboración:
14 minutos

Poder calórico:
351

Ingredientes para 6 personas

1/2 kg de carne picada,
100 gramos de queso azul
—Cabrales, Roquefort o similar—,
1 huevo, pan, 1 vaso pequeño de leche,
1 cebolla, pimienta, aceite, sal.

Preparación

En un recipiente se pone la carne picada con la yema de huevo y un poco de miga de pan remojada en la leche y escurrida. La cebolla, pelada y rallada, se mezcla con la carne y se sazona todo con sal y pimienta, removiendo con ayuda de una cuchara de madera hasta que quede bien unido.

A continuación, se forman las hamburguesas. Para ello, se hacen unas bolas con el preparado y se aplastan hasta dejarlas bastante planas, friéndolas después en aceite caliente —que no esté humeando—. Para evitar que las hamburguesas se peguen a la sartén al freírlas, pueden rebozarse ligeramente en harina. Una vez fritas, se disponen en un plato sobre papel de cocina.

Las hamburguesas se colocan en una fuente refractaria; sobre cada una de ellas se pone una loncha de queso y se introducen en el horno a temperatura media durante 10 minutos. Cuando el queso esté fundido, se retiran del horno y se sirven de inmediato. Estas hamburguesas pueden prepararse también con queso suave si se prefiere.

muslos de pavo con piñones]

Tiempo de elaboración:
23 minutos

Poder calórico:
200

Ingredientes para 4 personas

4 muslos de pavo, 1 cebolla,
1 cucharada de piñones, pimienta,
1 copa de vino blanco seco,
2 dientes de ajo, aceite, sal.

Preparación

Los muslos de pavo se sazonan con sal y pimienta, se fríen en una cazuela con un chorro de aceite hasta que doren y se reservan aparte. En la misma cazuela se rehoga después la cebolla picada.

Entre tanto, se machacan en un mortero los ajos con los piñones y se deslíen con el vino. Una vez frita la cebolla, se vuelve a poner el pavo en la cazuela, se vierte el contenido del mortero y se agita bien para unirlo todo. A continuación, se rectifica de sal, se tapa y se cocina hasta que el pavo esté tierno, dándole la vuelta al menos una vez. Por último, se reserva durante cinco minutos y se sirve bien caliente.

zancas de pollo con hinojo y setas]

Tiempo de elaboración:
28 minutos

Poder calórico:
201

Ingredientes para 4 personas

4 zancas de pollo, 100 gramos de setas,
1 hinojo de 350 gramos,
1 cucharada de harina,
1 cebolla mediana,
1 copa de vino blanco,
1 tazón de caldo de pollo,
perejil, aceite, sal.

Preparación

El hinojo se corta en rodajas pequeñas, que se ponen en un recipiente con la cebolla pelada y también en rodajas, y el aceite. Se tapa el recipiente con plástico adhesivo y se cocina en el horno microondas, conectado al 100% de potencia, durante seis minutos.

A continuación, se agrega la harina y se calienta a la máxima potencia durante un minuto. Pasado este tiempo, se añaden el vino, el caldo de pollo, los muslos de pollo, sin piel y cortados a la mitad, y las setas en trozos; se sazona con sal, asegurándose de que queda todo bien cubierto por el caldo y el vino.

Después, se tapa de nuevo y se cocina en el microondas por espacio de ocho minutos a la misma potencia. Pasados éstos, se remueve bien, se vuelve a tapar y se mete de nuevo en el microondas al 100% durante ocho minutos más.

Por último, se deja reposando el guiso cinco minutos, se rectifica de sal si fuese necesario y se sirve adornado con perejil picado por encima.

conservas

Pocas recetas resultan tan prácticas en los asuntos que se cuecen en la cocina como las conservas. En principio esta técnica surgió de la necesidad de evitar el deterioro de los alimentos; sin embargo, con el tiempo se ha convertido en todo un arte culinario, del que ha nacido un nuevo sabor fundamental, sobre todo, en aperitivos y postres. Veamos, pues, algunas posibilidades del amplio abanico que este peculiar campo nos ofrece.

aceitunas en aceite]

Tiempo de elaboración:
3 minutos

Poder calórico:
100 por 100 gr

Ingredientes

5 kg de aceitunas, 4 hojas de laurel, 1 cucharada de hinojo, 1 diente de ajo, aceite de oliva, sal gorda.

Preparación

Las aceitunas, que han de estar maduras, se colocan en un recipiente, a ser posible de vidrio o barro, y por encima se espolvorean dos puñados de sal gorda, las hojas de laurel troceadas, la cucharada de hinojo, el diente de ajo aplastado, unas cucharadas de aceite de oliva y un vaso de agua.

Se deja reposar el preparado durante un par de semanas, removiéndolo cada día, por la mañana y por la noche. Transcurrido este tiempo, se escurren las aceitunas y se dejan al sol o se introducen en un horno a temperatura tibia, pero procurando que no se sequen del todo, ya que deben mantenerse blandas.

Por último, se pasan a botes de cristal, previamente esterilizados, y se recubren con aceite de oliva para mantenerlas untuosas y suaves; se tapan herméticamente y se conservan.

aceitunas al natural]

Tiempo de elaboración:
3 minutos

Poder calórico:
100 por 100 gr

Ingredientes

Aceitunas, potasa, tomillo, estragón, hinojo, sal.

Preparación

Las aceitunas, recién recogidas, se colocan en un recipiente, se cubren de agua y se dejan en remojo durante tres días, añadiendo agua fresca varias veces. Pasado este tiempo, se escurren y se vuelven a cubrir con agua que tenga un poco de potasa.

Cuando ya no estén amargas, se cambian de agua nuevamente, esta vez sazonada con sal, tomillo, estragón e hinojo, manteniéndolas en este preparado por espacio de un mes. Después, las aceitunas se pasan a tarros de cristal o de plástico y se tapan herméticamente.

alcachofas al natural]

Tiempo de elaboración:
20 minutos

Poder calórico:
98 por 100 gr

Ingredientes

Alcachofas, harina, vinagre, sal.

Preparación

En una olla grande se calienta agua con un chorro de vinagre y una cucharadita de sal. Aparte, en una taza con un poco de agua, se deslíen dos cucharadas de harina por litro de agua y se agrega a la olla. Cuando el preparado rompa a hervir se incorporan las alcachofas, que han de ser de buena calidad y muy sanas, sin las hojas duras y limpias. Después de cocer durante diez minutos se escurren y se dejan enfriar.

Ya frías, se van pasando a tarros —previamente escaldados—, procurando que queden holgadas; se cubren con agua fría y se añade un poco de sal en cada tarro. Por último, se cierran herméticamente y se colocan en la olla a presión cubiertos de agua fría.

Se cuecen durante cinco minutos, contando desde que rompe el hervor. Transcurrido el tiempo indicado, en la olla a presión, se enfrían los tarros gradualmente, pero con cierta rapidez para evitar la contaminación de las alcachofas, que así se conservan durante un año.

apio al natural]

Tiempo de elaboración:
13 minutos

Poder calórico:
20 por 100 gr

Ingredientes

3,5 kg de tallos de apio, sal.

Preparación

Los tallos, separados del tronco, se limpian de hojas, retirándoles la parte leñosa de la parte final interior, y se cortan en trozos del tamaño de los tarros en que se van a conservar. Después, se cuecen en una cacerola con abundante agua durante cinco minutos.

Entonces, se escurren y se enfrían rápidamente introduciéndolos en agua helada. Ya fríos, se vuelven a escurrir y se colocan de pie, en los tarros previamente escaldados, sin apretarlos y dejando unos dos centímetros por debajo del borde.

A continuación, se cubre el apio con agua ligeramente salada —en una proporción de una cucharadita rasa por litro de agua— y se cierran los tarros de forma hermética, cociéndolos en la olla a presión durante cinco minutos contando desde que rompe el hervor. Transcurrido el tiempo indicado, se enfrían los tarros gradualmente, pero lo antes posible para evitar contaminaciones.

coliflor al natural]

Tiempo de elaboración:
12 minutos

Poder calórico:
20 por 100 gr

Ingredientes

Coliflor, sal.

Preparación

La coliflor se lava, se limpia y se corta en ramitas, para introducirlas en tarros —previamente escaldados—. Después se cubren con agua fría, se sazonan con un poco de sal y se cierran los tarros herméticamente. A continuación, se colocan en una olla a presión cubiertos de agua para cocerlos durante cinco minutos, contando desde que rompe el hervor. (En caso de trabajar con una olla convencional se necesitan 45 minutos de cocción, procurando que no cese nunca el hervor y que estén siempre cubiertos de agua. Si fuera necesario, se van agregando pequeñas cantidades de agua hirviendo).

Transcurrido el tiempo indicado, se enfrían los tarros de forma gradual, para que no se rompan, pero con cierta rapidez para evitar la contaminación de la coliflor, que se conserva durante un año.

espárragos al natural]

Tiempo de elaboración:
20 minutos

Poder calórico:
25 por 100 gr

Ingredientes

Espárragos frescos, vinagre, sal.

Preparación

Los espárragos se eligen cortos y de la misma medida; se pelan con cuidado y se lavan con agua ligeramente avinagrada, dejándolos en remojo en agua fría durante cuatro horas. En este tiempo debe renovarse el agua al menos dos veces. Pasado este tiempo, se atan los espárragos en grupos de diez, se envuelven todos en un paño de cocina y se atan de nuevo colocándolos en una cesta metálica con las puntas hacia arriba.

A continuación, se sumergen en una cazuela o recipiente apropiado con agua hirviendo, procurando cubrirlos bien. Se cuecen entonces durante diez minutos y, pasado este tiempo, se escurren retirando el paño y se remojan en agua fría sin sumergir las puntas. Ya fríos, se colocan en frascos esterilizados, con las puntas hacia arriba, y se cubren con una salmuera elaborada en una proporción de 25 gramos de sal por litro de agua hervida.

Por último, se cierran los tarros herméticamente y se cuecen en la olla convencional cubiertos de agua.

Transcurridos cinco minutos, se enfrían los tarros gradualmente, pero con cierta rapidez.

guisantes al natural]

Tiempo de elaboración:
12 minutos

Poder calórico:
80 por 100 gr

Ingredientes

Guisantes, sal.

Preparación

Los guisantes, que han de ser de buena calidad, maduros y sanos, se lavan y se pasan a tarros —previamente escaldados—. Éstos no deben rellenarse más de sus tres cuartas partes. Se cubren los guisantes con agua fría, sin llegar hasta el borde, y se añade un poco de sal.

Después se tapan los tarros herméticamente y se colocan en una olla a presión, para cocerlos cubiertos de agua durante cinco minutos, contando a partir del momento en que rompa el hervor. (En el caso de utilizar una olla convencional se necesitan 45 minutos de cocción, procurando que no cese el hervor y agregando agua hirviendo cuando sea necesario para mantener los tarros siempre cubiertos).

Transcurrido el tiempo de esterilización, se pone la olla utilizada bajo el grifo de agua caliente (50 grados) durante unos minutos, procurando que el líquido no caiga directamente sobre los tarros.

Después, poco a poco, se va mezclando agua templada y luego fría, dejándola correr hasta que los tarros alcancen la temperatura ambiente. Los guisantes se conservan así durante un año.

judías verdes al natural]

Tiempo de elaboración:
14 minutos

Poder calórico:
30 por 100 gr

Ingredientes

Judías verdes, sal.

Preparación

Las judías, que deben ser de buena calidad, se limpian retirándoles los hilos laterales y las puntas; se cortan en trozos regulares y se lavan bien, para, a continuación, introducirlas en tarros —previamente escaldados—, que sólo se llenan en sus tres cuartas partes. Después, se cubren de agua y se añade un poco de sal en cada tarro; se cierran herméticamente y se pasan a una olla a presión cubiertos de agua fría. Se cuecen durante cinco minutos, contando desde el momento en que rompe a hervir. (En caso de cocerlos en una olla convencional se necesitan 45 minutos de cocción, procurando que no se detenga nunca el hervor y que estén siempre cubiertos de líquido, agregando cuando sea necesario pequeñas cantidades de agua hirviendo).

Transcurrido el tiempo indicado, se van sacando los tarros con unas pinzas adecuadas y pasándolos a un baño con agua a unos 50 grados. Se mantienen así durante unos minutos y después se les da un segundo baño de agua a temperatura ambiente; por último, otro con agua fría.

Las judías se conservan así durante un año. En el momento de emplearlas se cuecen en agua templada y no en agua hirviendo, como se hace corrientemente con todas las verduras.

lombarda en vinagre]

Tiempo de elaboración:
9 minutos

Poder calórico:
123 por 100 gr

Ingredientes

1 lombarda pequeña,
3 vasos de vinagre de vino,
1 cucharada sopera de azúcar moreno,
6 cucharadas soperas de sal,
pimienta negra, clavo, nuez moscada.

Preparación

La lombarda se corta finamente y, sin lavarla, se pone en un cuenco a capas, espolvoreándola con la sal. Se deja así, en reposo, durante 24 horas y, pasado este tiempo, se aclara la verdura para retirar el exceso de sal y se escurre.

En un cazo de acero inoxidable, se calientan el vinagre, el azúcar, una pizca de pimienta negra recién molida, otra de clavo en polvo y otra de nuez moscada molida. Se pone a hervir todo junto durante cinco minutos y se aparta el recipiente del fuego, para dejar enfriar el preparado.

La lombarda se introduce entonces en tarros previamente esterilizados y se cubre con el vinagre ya frío. A continuación, se cierran herméticamente —la tapa no debe ser de metal— y se deja transcurrir una semana antes de consumirla.

maíz con pimientos al natural]

Tiempo de elaboración:
28 minutos

Poder calórico:
100 por 100 gr

Ingredientes

1 kg de granos de maíz,
1 kg de pimientos rojos,
10 gramos de pimienta, sal.

Preparación

El maíz se cuece en una cazuela con un litro de agua hirviendo y una cucharadita de sal durante un cuarto de hora. Pasado este tiempo, se incorporan los pimientos lavados y limpios de semillas, cortados en tiras.

Se cuece todo junto cinco minutos más y después se retira la cazuela del fuego, procediendo a rellenar los tarros, previamente escaldados, con la verdura, el caldo de cocerla y los granos de pimienta. Por último, se cierran los tarros herméticamente y se colocan en la olla a presión cubiertos de agua fría.

Se cuecen durante cinco minutos, contando desde que rompe el hervor. (En caso de cocerlos en una olla convencional se necesitan 45 minutos de cocción a 100 grados, procurando que no cese nunca el hervor y que estén siempre cubiertos de agua).

Si fuera necesario, se van agregando pequeñas cantidades de agua hirviendo. Transcurrido el tiempo indicado, se enfrían los tarros de forma rápida y gradual, que se conservan durante un año.

macedonia de verduras picante]

Tiempo de elaboración:
23 minutos

Poder calórico:
50 por 100 gr

Ingredientes

3 kg de verduras variadas pesadas en limpio —coliflor, tallos de apio, calabacines, pimientos, cebollitas, zanahorias, puerros, maíz—,
1/2 kg de sal gorda, 1/4 kg de azúcar,
1 cucharada de cúrcuma en polvo,
4 cucharaditas de mostaza en polvo,
5 cucharaditas de jengibre en polvo,
1/2 cucharadita de chile en polvo,
3/4 litro de vino blanco,
1 litro de vinagre suave,
1 cucharada de harina de maíz.

Preparación

Las verduras, limpias, se lavan y se parten en trozos regulares, colocándolas en capas alternativas con sal, en un recipiente apropiado. Se tapan y se dejan reposar durante toda la noche. Al día siguiente, se aclaran las verduras bajo el grifo de agua fría y se escurren.

Mientras tanto, en una cazuela amplia se pone la cúrcuma, la mostaza, el jengibre, el chile y el azúcar. Se riega con el vino blanco y el vinagre —reservando cuatro cucharadas— y se revuelve hasta conseguir diluir las especias en polvo.

Cuando empiece a hervir se incorporan las verduras cociéndolas en el preparado durante 15 o 20 minutos, removiendo de vez en cuando. Las verduras deben cocer muy despacio, sin estar demasiado blandas.

En su punto, se retira la cazuela del fuego y con ayuda de una espumadera se sacan las verduras rellenando con ellas los tarros, previamente escaldados. En un cuenco se diluye la harina de maíz con el vinagre reservado y se añade a la salsa removiendo sin parar.

Se cuece durante unos minutos y, cuando la salsa empiece a espesar, se riega con ella las verduras de los tarros, procurando que queden bien cubiertas. Rápidamente se cierran los tarros y se dejan reposar al menos un mes antes de utilizarlos.

pepinillos en vinagre]

Tiempo de elaboración:
3 minutos

Poder calórico:
52 por 100 gr

Ingredientes

Pepinillos, laurel, estragón, hinojo, ajo, vinagre, sal.

Preparación

Los pepinillos se limpian con un paño frotándolos bien. Después se pasan a tarros de cristal esterilizados, con laurel, estragón, unos dientes de ajo, un poco de hinojo y sal. Se cubren con vinagre fuerte y se tapan herméticamente.

La proporción de sal es de unos 100 gramos por litro de vinagre.

pepinos en conserva]

Tiempo de elaboración:
37 minutos

Poder calórico:
58 por 100 gr

Ingredientes

2 kg de pepinos maduros,
100 gramos de cebollitas,
1 pimiento rojo,
1/4 litro de vinagre de vino,
1/4 kg de azúcar,
3 cucharadas rasas de sal.

Preparación

Los pepinos se pelan y se cortan a la larga, por la mitad. Se retiran las pepitas con ayuda de una cuchara y se trocean en pedazos de cinco o seis centímetros de largo, pasándolos a una fuente, donde se espolvorean con dos cucharadas de sal y se cubren con agua.

Se tapan dejándolos en reposo durante 24 horas en un lugar fresco. Pasado este tiempo, se pelan las cebollitas y se trocean; el pimiento, lavado, se limpia de semillas y se trocea en dados. Los pepinos se escurren y se colocan en tarros esterilizados, formando capas de pepinos, cebollas y pimiento.

Aparte, en un cazo se calienta el vinagre, medio litro de agua, una cucharada de sal y el azúcar, removiendo hasta disolver el azúcar por completo. Se vierte entonces la mezcla sobre los pepinos cubriéndolos y, una vez fríos, se cierran los tarros herméticamente. Por último, se cuecen a 90 grados durante 30 minutos.

tomates al natural]

Tiempo de elaboración:
12 minutos

Poder calórico:
20 por 100 gr

Ingredientes

Tomates, sal.

Preparación

Los tomates se escogen en su punto, maduros pero sin pasarse nada. Se limpian y se escaldan en agua hirviendo durante unos minutos para pelarlos mejor. Después se parten en trozos y se introducen en tarros de cristal —previamente escaldados— con todo su jugo y un poco de sal.

Los tarros no deben llenarse del todo. Se cierran herméticamente y se colocan en la olla a presión cubiertos de agua fría, para cocerlos durante cinco minutos, contando desde que rompe el hervor. (En caso de cocerlos en una olla convencional se requieren 45 minutos, procurando que no cese nunca el hervor y que estén siempre cubiertos de agua. Si fuera necesario, se van agregando pequeñas cantidades de agua hirviendo).

Transcurrido el tiempo indicado, se enfrían los tarros gradualmente, para que no se rompan, pero con cierta rapidez para evitar la contaminación de los tomates, que se conservan así durante un año.

postres sencillos y sanos

Para muchos, la gran fiesta de la cocina tiene lugar en los postres. Por eso recurren a éstos cuando pretenden agasajar a un invitado o, sencillamente, para darse un pequeño homenaje. Sin embargo, lo que es dulce al paladar resulta a menudo amargo para otros "lugares" del organismo, tanto interna como externamente... Y, por otro lado, hoy en día casi nadie tiene tiempo de preparar aquella tarta tan rica de la abuela y que tantas horas le llevaba a la pobre.

¿Tenemos entonces que vivir sin postres o cometiendo excesos? En absoluto. La cocina ofrece otras muchas opciones, entre las que se encuentra la posibilidad de combinar salud y alegría para los golosos, y todo en muy poco tiempo. Prueba de ello son las siguientes recetas.

albaricoques con trigo]

Tiempo de elaboración:
12 minutos

Poder calórico:
320

Ingredientes para 4 personas

1/2 kg de albaricoques,
80 gramos de harina de trigo integral,
50 gramos de almendras
molidas gruesas,
50 gramos de miel,
1/2 litro de crema de leche,
1 pizca de vainilla molida.

Preparación

Una vez lavados y cuidadosamente secados, los albaricoques se cortan en cuatro trozos y se deshuesan. Mientras tanto, en una sartén con fondo grueso se tuestan a fuego lento la harina de trigo y las almendras, removiendo con una cuchara de madera.

Cuando comiencen a tomar color se añaden los albaricoques y la miel, sin dejar de remover hasta que ésta empiece a caramelizar. En este punto se incorpora la crema de leche y la vainilla, dejándolo cocer todo junto un par de minutos más antes de presentar el dulce en una fuente. Se servirá con rapidez.

cerezas con zumo de naranjas]

Tiempo de elaboración:
19 minutos

Poder calórico:
148

Ingredientes para 6 personas

700 gramos de cerezas maduras, 2 naranjas, 100 gramos de azúcar, 10 hojas de menta.

Preparación

Con las naranjas, bien lavadas, se prepara un zumo. Después se retira la parte blanca de la corteza cortando la piel en juliana. Ésta se pone a hervir en un cazo con agua durante dos minutos y, transcurrido este tiempo, se escurre y seca con papel absorbente.

En un recipiente se cuecen, por espacio de cinco minutos y a fuego muy suave, 50 gramos de azúcar, cuatro cucharadas de agua y la cáscara de naranja picada. A continuación se retira y escurre, reservando el jugo de la cocción.

Las cerezas, sin rabos ni huesos, se escaldan unos minutos en agua hirviendo —reservando unas pocas—. Tras pasarlas por la batidora, el puré resultante se cuece durante seis minutos con el resto del azúcar. Una vez obtenida la compota, se vierte en una fuente amplia donde se deja enfriar completamente antes de añadirle la mitad de las hojas de menta picadas muy finas, el zumo, la juliana y el jugo de cocción de las naranjas. Se remueve todo y se adorna con las cerezas reservadas y las hojas de menta restantes.

compota de manzanas]

Tiempo de elaboración:
6 minutos

Poder calórico:
203

Ingredientes para 6 personas

*1 kg de manzanas, vino blanco,
150 gramos de azúcar,
cáscara de limón, canela en rama.*

Preparación

Las manzanas, una vez peladas y sin semillas, se cortan en trozos regulares que se pasan a una cazuela junto con medio vaso de agua, el azúcar, un palo de canela y la cáscara de limón.

Después se cubren con vino blanco, dejándolas cocer a fuego lento hasta que estén tiernas. En su punto, y antes de que lleguen a deshacerse, se pasan a una compotera y se sirven calientes o frías con todo su jugo.

copa de fresas]

Tiempo de elaboración:
8 minutos

Poder calórico:
268

Ingredientes para 4 personas

*1/2 kg de fresas, 3 naranjas,
4 rodajas de piña en almíbar,
1 copita de kirsch,
250 gramos de helado de turrón,
azúcar.*

Preparación

Las fresas, una vez lavadas, se trocean y se pasan a un recipiente donde se les añade la piña y las dos naranjas peladas, todo ello cortado en trozos.

A continuación, se espolvorea con tres cucharadas de azúcar y se riega con el zumo de la tercera naranja y el kirsch, dejándolo macerar por espacio de 30 minutos. En el momento de servir se distribuyen las frutas en copas individuales, poniendo sobre cada una de ellas una bola de helado.

higos al Oporto]

Tiempo de elaboración:
5 minutos

Poder calórico:
176

Ingredientes para 4 personas

1/2 kg de higos frescos,
2 cucharadas de miel, 1 limón,
vino de Oporto, 2 plátanos,
1/2 litro de crema de leche.

Preparación

Los higos, lavados, secos y sin rabo, se pelan y cortan en rodajas, que se disponen en una fuente. Aparte, en un cazo se calientan a fuego lento la miel y tres cucharadas de zumo de limón, revolviendo sin parar hasta conseguir ligarlos.

A continuación se incorpora un vaso pequeño de vino de Oporto y se vierte toda la mezcla sobre los higos, los cuales se reservan en la nevera, bien tapados, durante 30 minutos.

Los plátanos, de los que se apartan varias rodajitas para el adorno, se cortan en trozos y se pasan por el pasapurés, mezclándolos luego con la crema de leche batida. En el momento de servir se vierte la crema de plátanos sobre los higos, adornando el plato con las rodajas de plátano reservadas.

kiwis a la crema de granadina]

Tiempo de elaboración:
12 minutos

Poder calórico:
301

Ingredientes

6 kiwis, 2 vasos de zumo de piña,
2 pomelos, 50 gramos de azúcar,
40 gramos de harina de maíz,
1/2 cucharadita de jengibre molido,
1 vaso de crema de leche,
6 cucharadas de jarabe de granadina.

Preparación

Se pelan y cortan en rodajas cinco kiwis, pasándolos después a un cuenco. En un cazo se pone a hervir el zumo de piña con el azúcar. Aparte, en una tacita se deslíen la harina de maíz y el jengibre con el zumo de un pomelo, agregando esta mezcla al cazo donde calienta el zumo de piña. Cuando éste rompa a hervir, se retira del fuego y una vez tibio se mezcla con los kiwis troceados, y se introduce el cuenco en el frigorífico.

La crema de leche se bate con el jarabe de granadina hasta conseguir espesarla. En el momento de servir, se adorna el plato con el kiwi restante, pelado y cortado en rodajas finas, y con el pomelo pelado y en gajos, cubriendo todo ello con la crema de granadina.

macedonia de frutas]

Tiempo de elaboración:
8 minutos

Poder calórico:
272

Ingredientes para 6 personas

*3 o 4 plátanos, 300 gramos de fresas,
1/2 kg de naranjas, 5 albaricoques,
200 gramos de uvas o cerezas,
1 copa de brandy u otro licor,
100 gramos de azúcar.*

Preparación

Los plátanos, cortados en rodajas, y las demás frutas, en trocitos, se echan en una fuente de cristal, donde se les agrega el licor y se introducen en la nevera por espacio de media hora.

Aparte, con una taza pequeña de agua y el azúcar se prepara un almíbar, haciéndolo hervir durante cinco minutos. A continuación, se deja enfriar y se vierte sobre las frutas, y se mete la macedonia en la nevera para servirla muy fría.

macedonia de piña]

Tiempo de elaboración:
10 minutos

Poder calórico:
360

Ingredientes para 6 personas

*1 piña, 200 gramos de cerezas,
100 gramos de ciruelas,
200 gramos de fresas, 1 kg de naranjas,
150 gramos de plátanos,
200 gramos de peras,
100 gramos de azúcar.*

Preparación

Se lavan y pelan todas las frutas, deshuesando las cerezas y las ciruelas, quitando la parte fibrosa a la piña y los rabitos a las fresas. Después se cortan en porciones regulares, que se pasan a un recipiente amplio, espolvoreándolas con el azúcar y regándolas con el zumo de las naranjas.

A continuación, se remueve todo el preparado hasta disolver el azúcar, dejando macerar la macedonia al menos media hora antes de servirla.

mandarinas en pastel]

Tiempo de elaboración:
14 minutos

Poder calórico:
398

Ingredientes para 5 o 6 personas

*1 bizcocho corriente grande,
1/2 kg de mandarinas,
100 gramos de nueces, 3 yemas,
80 gramos de mantequilla,
azúcar.*

Preparación

En un cuenco apto para horno microondas se baten tres cucharadas de azúcar y la mantequilla, añadiendo después las tres yemas —una a una— y por último el zumo de tres mandarinas. Una vez mezclado, se cocina en el microondas, conectado a la máxima potencia, durante tres minutos.

Transcurrido este tiempo, se revuelve la crema cocinándola tres minutos más. Entre tanto, se corta el bizcocho en dos discos, colocando uno de ellos en una fuente. Cuando la crema esté en su punto se deja enfriar, y a continuación se rellena con ella el bizcocho.

En un recipiente apropiado se echa el resto del azúcar y un vaso de agua; se introduce en el microondas, conectado al 100% de potencia, por espacio de tres minutos. Después se incorpora el zumo del resto de las mandarinas —reservando dos de ellas para el adorno—, que debe cocer tres minutos sin variar la potencia. Con este almíbar se emborracha el bizcocho, adornándolo por último con los gajos de las mandarinas reservadas y las nueces peladas.

manzanas asadas al vino blanco]

Tiempo de elaboración:
33 minutos

Poder calórico:
187

Ingredientes para 6 personas

6 manzanas,
1/2 litro de vino blanco,
50 gramos de mantequilla,
azúcar.

Preparación

Las manzanas, bien lavadas, se ahuecan por el centro con un aparato especial llamado descorazonador o con la punta de un cuchillo, se despojan de semillas y partes duras y se colocan a continuación en una fuente de horno.

El hueco de las manzanas se rellena con un poco de mantequilla y una cucharada de azúcar, regándolas después con el vino blanco. Por último, se cuecen en el horno a temperatura media-fuerte por espacio de media hora.

Se sirven calientes en la misma fuente o en platos individuales.

melocotones al cava]

Tiempo de elaboración:
16 minutos

Poder calórico:
232

Ingredientes para 4 personas

4 melocotones, 1/2 botella de cava,
2 clavos de especia,
3 cucharadas de azúcar,
1 palo de canela.

Preparación

Los melocotones se ponen en un cuenco, se cubren de agua hirviendo y se cocinan en el horno microondas durante cinco minutos al 100% de potencia. Transcurrido este tiempo, se dejan enfriar un poco dentro de la misma agua y, luego, se escurren y se pelan.

Una vez pelados, se pasan a la fuente o a los cuencos donde se van a servir y se les añade el resto de los ingredientes. Se introducen en el horno microondas, a la máxima potencia, por espacio de cinco minutos, revolviéndolos con mucho cuidado. La cocción termina con otros cinco minutos más a igual potencia.

Por último, se retira la canela y los clavos y se sirven los melocotones fríos y con todo su jugo.

melón frío]

Tiempo de elaboración:
13 minutos

Poder calórico:
314

Ingredientes para 4 personas

1 melón de 1,5 kg, 2 naranjas, 1 limón, 2 hojas de gelatina, 100 gramos de azúcar de caña, 2 cucharadas de licor de naranja.

Preparación

Las hojas de gelatina se ponen a remojo en un vaso con agua fría. El melón, una vez cortado en cuatro partes, se despoja de las semillas y la cáscara. Con una de las porciones, y ayudados de un vaciador, se hacen pequeñas bolitas.

El resto del melón se trocea y se riega con el zumo de las naranjas, añadiendo después el azúcar de caña. Este preparado se bate hasta conseguir un puré. El limón se exprime y su corteza, lavada y seca, se corta en tiras finas.

El zumo del limón y el licor se calientan en un cazo, disolviendo en este caldo las hojas de gelatina escurridas. Se agrega entonces la juliana de limón y se mezcla todo con el puré de frutas, incorporando por último las bolitas.

Antes de servir, se introduce en la nevera durante al menos una hora.

naranjas merengadas]

Tiempo de elaboración:
17 minutos

Poder calórico:
196

Ingredientes para 6 personas

6 naranjas, 3 huevos,
150 gramos de azúcar.

Preparación

Las naranjas, lavadas y secas, se despojan de una porción de la parte superior para poder rellenarlas luego, haciendo un corte en forma de pico con la punta de un cuchillo bien afilado. Procurando no estropearlas se exprimen lo máximo posible, se reserva el zumo y se terminan de vaciar con una cucharilla.

Se separan las claras y las yemas. Estas últimas se baten en un cazo con seis cucharadas de azúcar, añadiéndoles después un vasito del zumo de naranjas reservado y colado. Cuando la mezcla esté bien unida se calienta al baño María, removiendo sin cesar hasta que espese.

Ya en su punto, se coloca el cazo también al baño María pero esta vez con agua fría, revolviendo de vez en cuando. Con dos claras y el resto del azúcar se prepara un merengue, la mitad del cual, mezclado con la crema anterior, se utiliza para rellenar las naranjas.

El resto del merengue, colocado en la manga pastelera, se utiliza para adornar las naranjas. Tras gratinarlas unos minutos en el horno, pueden servirse, si se desea, espolvoreadas de canela en polvo.

peras en almíbar]

Tiempo de elaboración: 16 minutos

Poder calórico: 300

Ingredientes para 6 personas

1 kg de peras,
300 gramos de azúcar,
1 limón, canela en rama,
clavos de olor.

Preparación

Las peras, que no han de estar demasiado maduras, se cortan por la mitad en sentido longitudinal, se pelan y se despojan de sus corazones, poniéndolas en un recipiente cubiertas de agua. A continuación, se les añade la mitad del azúcar y el zumo de limón y se cuecen hasta que estén tiernas.

En su punto, se sacan del recipiente con ayuda de una espumadera para que escurran el agua y se reservan. Al líquido de cocerlas se le agrega el resto del azúcar y un cuarto de litro de agua, poniéndolo a hervir hasta que espese un poco. Entonces, se vierte sobre las peras, que se tapan y se dejan macerar durante 24 horas.

Transcurrido este tiempo, se distribuyen —escurridas— en tarros de cristal, a los que se incorpora un clavo de olor y un palito de canela. El almíbar de las peras se vuelve a hervir y se echa luego sobre la fruta hasta cubrirla por completo. Se dejan enfriar los tarros y, ya fríos, se cierran herméticamente y se esterilizan.

Para esterilizarlos, se introducen en un recipiente cubiertos de agua fría y se ponen a calentar. Cuando hierva el agua, se reduce el fuego y se cuecen por espacio de media hora. Por último, se dejan enfriar dentro del agua y se mantienen en reposo al menos durante un mes antes de consumir las peras.

peras al vino]

Tiempo de elaboración:
33 minutos

Poder calórico:
236

Ingredientes para 6 personas

1 kg de peras,
200 gramos de azúcar,
1 limón, vino tinto,
1 palo de canela.

Preparación

Las peras se pelan con cuidado, dejándolas enteras y con su rabo. Se pasan luego a un recipiente hondo, apto para el horno microondas, donde se les añade el azúcar, un vaso de agua, la canela, un trocito de cáscara de limón y el vino hasta que queden completamente cubiertas.

Este recipiente se tapa y se introduce en el microondas, conectado al 100% de potencia, durante 20 minutos. Transcurrido este tiempo, se destapa y se cocina de nuevo 10 minutos más a la máxima potencia.

Las peras al vino se sirven con todo su jugo, retirando antes la corteza de limón y la canela.

piña con manzana y coco]

Tiempo de elaboración:
12 minutos

Poder calórico:
263

Ingredientes para 4 personas

6 rodajas de piña en almíbar,
100 gramos de coco rallado,
200 gramos de azúcar, 3 manzanas,
2 naranjas, merengue,
cerezas confitadas.

Preparación

La piña, cortada en trozos, se pone a cocer en un cazo junto con el azúcar y las manzanas peladas y troceadas. Cuando las manzanas estén cocidas, se añade el zumo de las naranjas y el coco, mezclándolo todo bien y dejándolo hervir unos momentos. Esta crema debe quedar muy espesa.

A continuación se retira y se vierte el preparado en una fuente para que enfríe. Antes de servir se adorna con unos cordones de merengue, colocando finalmente las cerezas —también puede adornarse con fresas frescas—. Este postre se sirve templado o frío.

plátanos merengados]

Tiempo de elaboración: 17 minutos

Poder calórico: 288

Ingredientes para 6 personas

6 plátanos, 40 gramos de nueces, 2 claras, 1 vaso de Jerez dulce, mantequilla, azúcar.

Preparación

Los plátanos pelados se cortan en rodajas, colocando la mitad de ellas en una fuente que previamente se habrá untado con mantequilla. Se espolvorean entonces con azúcar y se rocían con la mitad del Jerez. Encima se coloca el resto de las rodajas de plátano, espolvoreadas con azúcar y regadas con el resto del Jerez.

Con las claras y el azúcar se prepara un merengue que se extiende sobre los plátanos. Tras salpicarlos con las nueces picadas, se introducen en el horno a fuego medio por espacio de 10 minutos. Sin más, se sirven bien calientes.

uvas escarchadas]

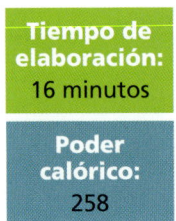

Tiempo de elaboración:
16 minutos

Poder calórico:
258

Ingredientes para 6 personas

250 gramos de uvas blancas,
250 gramos de uvas negras,
100 gramos de azúcar,
200 gramos de azúcar glas.

Preparación

Deben escogerse las mejores uvas, lavándolas y secándolas con mucho cuidado y cortando los racimos en otros más pequeños de sólo dos o tres piezas cada uno. En un cuenco apto para el horno microondas se pone una taza de agua caliente y los 100 gramos de azúcar, removiendo hasta disolverla antes de introducirlo en el microondas, conectado a la máxima potencia, durante un minuto.

Pasado este tiempo, se revuelve para disolver el azúcar por completo y se mete el recipiente en el horno dos minutos más hasta que rompa a hervir; entonces se deja cocer por espacio de siete minutos. Con el almíbar en su punto, se retira del microondas y se sumergen en él las uvas —sujetándolas por los tallos—, se escurren un poco y se rebozan a continuación en el azúcar glas. Deben quedar completamente cubiertas de azúcar.

Después se van colocando en una bandeja, sin amontonarlas, y cuando esté completa se introduce de nuevo en el horno, al 50% de su potencia, durante un minuto. Por último, se da la vuelta a las uvas, cocinándolas 20 segundos más, y se dejan enfriar dentro de la nevera hasta el momento de servirlas.

índice
de tiempos

- Lombarda en vinagre, 186

10 minutos:
- Espirales con crema de requesón, 49
- Calamares fritos, 141
- Merluza cocida, 144
- Truchas fritas a la navarra, 153
- Costillas de cerdo al tomillo, 159
- Entrecot a la pimienta, 162
- Filetes a las finas hierbas, 164
- Macedonia de piña, 205

11 minutos:
- Calabacín rebozado, 74
- Espinacas al estilo cordobés, 79
- Pechugas de pollo rellenas de jamón y queso, 171

12 minutos:
- Espaguetis creola, 46
- Berenjenas fritas, 73
- Champiñones al Jerez, 78
- Patatas fritas, 92
- Bacalao rebozado, 141
- Escalope de pollo, 164
- Coliflor al natural, 181
- Guisantes al natural, 184
- Tomates al natural, 192
- Albaricoques con trigo, 196

- Kiwis a la crema de granadina, 202
- Piña con manzana y coco, 216

13 minutos:
- Ensalada de aguacate y gambas, 20
- Ensalada de pasta, 32
- Espaguetis con anchoas, 44
- Espaguetis veraniegos, 48
- Raviolis con jamón, 54
- Tortilla de berenjenas y calabacín, 98
- Guisantes con jamón, 126
- Berberechos al vapor, 137
- Pechugas de pavo con pimientos y tomate, 170
- Apio al natural, 180
- Melón frío, 210

14 minutos:
- Hamburguesas con queso, 167
- Judías verdes al natural, 185
- Mandarinas en pastel, 206

15 minutos:
- Ensalada de espinacas, 26
- Ensalada tropical, 37
- Macarrones al gratín, 50
- Tallarines con tomate, 55
- Arroz con calabacín, 60
- Judías estofadas, 118
- Guisantes a la francesa, 125